品鉴山西

PINJIAN SHANXI

运城卷

品鉴山西

山西省文化和旅游厅
山西省作家协会
香港商报
编

山西出版传媒集团
山西人民出版社

图书在版编目（CIP）数据

品鉴山西. 运城卷 / 山西省文化和旅游厅，山西省作家协会，香港商报编. -- 太原 : 山西人民出版社，2023.3

ISBN 978-7-203-12579-2

Ⅰ. ①品… Ⅱ. ①山… ②山… ③香… Ⅲ. ①散文集－中国－当代 Ⅳ. ①I267

中国国家版本馆CIP数据核字(2023)第041457号

品鉴山西　运城卷

编　　者：山西省文化和旅游厅　　山西省作家协会　　香港商报
责任编辑：魏美荣
复　　审：崔人杰
终　　审：梁晋华

出 版 者：**山西出版传媒集团·山西人民出版社**
地　　址：太原市建设南路 21 号
邮　　编：030012
发行营销：0351－4922220　4955996　4956039　4922127（传真）
天猫官网：https://sxrmcbs.tmall.com　电话：0351－4922159
E－mail：sxskcb@163.com　发行部
sxskcb@126.com　总编室
网　　址：www.sxskcb.com

经 销 者：**山西出版传媒集团·山西人民出版社**
承 印 厂：山西万佳印业有限公司

开　　本：787mm×1092mm　1/16
印　　张：13.5
字　　数：250 千字
版　　次：2023 年 3 月　第 1 版
印　　次：2023 年 3 月　第 1 次印刷
书　　号：ISBN 978-7-203-12579-2
定　　价：96.00 元

《品鉴山西·运城卷》编委会

序 言

7 月的河东，本该是日头高照、阳光恣意泼洒的时候，然而在全国著名作家采风的日子里，天气一反常态，初到时小雨洗尘，采风中浓云遮日，道别时，阳光复照返归程，似乎是随了人的兴致而动：因为你是轻车快马入河东，我便变幻着模样让你一次看个够。

可谓天遂人愿，人遂心愿。

于是乎，分别未久，我们便看到了这篇篇美文，带着深情厚谊扑面而来。

“惊愕并感慨时光的一再缺场”的葛水平，终于有了一次约会的时间，何况又是历史老人河东，可是“当我看到永乐宫无极殿壁画的那一刻，我似乎忘记自己是走在时间里”了，那一种震撼心灵后的感觉是与众不同的，只有 3D 版的《壁上乾坤》才配得上。

杨遥一脚踏入了意想不到的“远方”，短短一周时间，他“不断在神话和传说中徜徉”，生怕遗漏任何一个不该错过的景色，每时每刻，他都愿意把这遥远的风景摆在眼前，对着它们说：这多完美。

河东如他所愿，沉稳睿智的阎晶明看到了一种状态，那是一种奋进的欲求，一种追求更高物质、文化和精神生活，实现更高理想的愿望，是新时代山西最迫切需要的精神状态。

“车入稷山万亩唐枣树林，那掩埋了半个世纪的枣香记忆，突然被激活、唤醒了”。山川有别情相连，此时，徐剑想起了故乡，想起了萦绕心头的美好记忆。

诗人天性浪漫，院里偶一抬头，便吟出了“河东的夜色丰富至单纯”的诗句。王久辛还有着军人的气魄，站在秋风楼上慨言“秋风不遇，名楼可登”。

《过龙门》，任林举看到的是一种力量，是从始至终都不放弃的努力。他为万千年来千万鲤鱼的追求而高歌，为它们不懈找寻改变命运的传奇方式而鼓掌助威。

鲁顺民非常敏锐地发现，“古河东的文明，是种出来的”，于是，有了洋洋洒洒数千言的《稼穑河东》。

河东的三大传奇吸引了柳建伟，一寺、一楼、一人，让他看到了爱情，读懂了登高，见识了忠勇。

刘阳爱唱歌，这位川妹子是唱着《人说山西好风光》来到运城的。而真正站在山西的土地上引吭高歌，简直让她如梦如幻。

时间，永远把年轻留给别人，把回忆留给自己；古老，永远把新鲜留给别人，把皱纹留给自己。在与古老相约的这段时间里，每一个人都是那么睿智，那么富有诗情画意，你读懂了河东，我读懂了你。

万物相遇皆有缘，河东之约，岂非天成偶然？是为序。

《品鉴山西》编辑部

2022年9月

山西省文化和旅游厅副厅长、一级巡视员李贵（右七），中共运城市委常委、宣传部部长、统战部部长王志峰（左八），运城市文化和旅游局党组书记、局长陈小光（左六）等领导与中国作家协会副主席阎晶明（右八）等作家采风团在启动仪式上合影留念

运城市委书记丁小强（左五）与作家一行合影留念

山西省文化和旅游厅副厅长、一级巡视员李贵（左）向作家代表杨遥（右）授旗

作家一行在万荣县后土祠考察

作家一行在万荣县后土祠观看碑刻《秋风辞》

作家一行在万荣县李家大院考察

作家一行在万荣县黄河文化雕塑博览园考察

作家一行在河津市龙门景区考察

作家一行在稷山县国家板枣公园考察

作家一行在芮城县永乐宫考察

作家一行在夏县司马温公祠考察

作家一行在夏县宇达青铜文化产业园考察

作家一行在夏县格瑞特酒庄考察

作家一行在稷山县马趵泉村考察

在芮城县城隍庙作家一行被呆萌的石狮子吸引

作家一行在永济市普救寺考察

作家一行在永济市鹳雀楼考察

作家一行在永济市蒲津渡遗址考察

作家一行在永济市蒲津渡遗址考察

作家一行在盐湖区岚山根考察

作家一行在南风广场河东书房考察

作家一行在运城市解州关帝祖庙考察

作家一行在运城市解州关帝祖庙考察

作家一行在运城博物馆考察

作家一行在运城市河东池盐博物馆考察

作家一行在万荣县后土祠合影留念

作家一行在河津市黄河边合影留念

作家一行在河津市黄河大梯子崖景区合影留念

作家一行在稷山县马跑泉村合影留念

作家一行在夏县司马温公祠合影留念

作家一行在芮城县永乐宫合影留念

作家一行在芮城县城隍庙合影留念

作家一行在芮城县广仁王庙合影留念

作家一行在永济市普救寺合影留念

作家一行在永济市蒲津渡遗址合影留念

作家一行在永济市鹳雀楼合影留念

作家一行在运城市常平关帝家庙合影留念

目录

第二篇：商报荟萃

第一篇

关公故里
好运之城

运城 YUNCHENG

阎晶明，中国作家协会副主席，曾兼任中国鲁迅研究会副会长、中国小说学会副会长。主要从事中国现当代文学评论与研究。著有《独白与对话》《我愿小说气势如虹》《鲁迅还在》《鲁迅与陈西滢》《须仰视才见——从鲁迅到五四》《箭正离弦——〈野草〉全景观》《这样的鲁迅》等作品。编选出版《鲁迅箴言新编》《鲁迅演讲集》等。曾获冯牧文学奖、花地文学榜金奖等。

河东如你所愿

阎晶明 ◎

▶ 无处不在的历史遗存，灿若星辰的历史人物，丰富活跃的民间文化，无不让这片土地彰显出深厚的文脉，充满无穷的活力。

▶ 我们为历史骄傲，但不应迷失在历史的星光闪耀里。

▶ 你完全可以感受到一种奋进的欲求，一种追求更高物质、文化和精神生活，实现更高理想的愿望。这种愿望和追求汇聚在当代运城人身上，是最为宝贵的，也是新时代山西最迫切需要的精神状态。

▶ 从黎明到黄昏的每一天，从盛夏到寒冬的每一年，从地老天荒到龙腾虎跃，所有改变只是造成不同的景观，一切都不会让黄河停止它奔流到海的脚步。

▶ 传承和弘扬优秀传统文化，不是要人们抱残守缺，不是躺在往日的辉煌上悠然自得，不是津津乐道于曾经富有过，而是要以当代人的眼光、当代人的抱负、面向未来的姿态，对传统进行创造性转化和创新性发展。

▶ 汉武帝写不写《秋风辞》，秋风楼依然在那里，但是“欢乐极兮哀情多，少壮几时兮奈老何”的感叹，那种沧桑和浑厚穿越千年，激荡起多少人的哀与乐。

夏日，我同一众文友行走在河东大地上。据说，我们所去的 7 月中旬，正赶上几天难得的清凉时节，细雨蒙蒙、微风吹拂，与我印象中的晋南的确大不相同。

作为晋人，我所生长的晋西北与运城所处的晋南，其实长期以来在地理交通上相隔甚远，文化习俗也大相径庭。其后多年在省会太原工作生活，对晋地南北之自然条件、文化习俗、人情世故有了更多观察、比较的机会。这些话题似乎永

大美运城

远也说不完。它们本身就是世俗烟火中的一部分。

今天，时隔20年再次来到河东大地，那些丰富的历史遗存值得再次深入观赏，而我不由得会在观察中体味这里正在发生的变化，希望读出这片土地在经济、社会、文化等各个方面所取得的进步和飞跃。无论如何，运城是山西综合条件最好的区域之一，看山西人的精神面貌，看山西未来的发展潜力，运城不但具有代表性，而且具有领先地位。

旧地重游，我在亲切中也引发了一些思考。这是一片古老的土地，又呈现出无尽的新貌。在运城，只要开始列数过往，几百年、上千年、几千年，都会打开一个没有办法穷尽的话题。而且你会有一种感受，这里遇到的每一个人似乎都对此十分擅长，更为之骄傲。是的，102处国宝单位本身就是证据。无处不在的历史遗存，灿若星辰的历史人物，丰富活跃的民间文化，无不让这片土地彰显出深厚的文脉，充满无穷的活力。但我同时又无法克制地这样认为：我们为历史骄傲，但不应迷失在历史的星光闪耀里。

可以说，同深厚博大的人文历史一样让我感到兴奋的是，今天的运城，是一

片改革和建设的热土。这里的人们怀着奋斗的热情、创造的激情，努力地工作着、拼搏着——是的，拼搏，你完全可以感受到一种奋进的欲求，一种追求更高物质、文化和精神生活，实现更高理想的愿望。这种愿望和追求汇聚在当代运城人身上，是最为宝贵的，也是新时代山西最迫切需要的精神状态。

龙门：千年一跃的传奇

黄河沿晋陕峡谷一路下行，从河津进入运城。河津也是黄河冲出峡谷，走向宽阔、坦荡的起点。黄河因此在这里呈现出截然不同的风貌。龙门以北因地势狭窄、两峰并峙而水流湍急、凶险，一出龙门，则平坦、开阔，容姿也温和、平静很多。婉约与豪放就在此直观地展现在人们的眼前，构成一道独特的风景。乘船从龙门上行，不到半小时即可抵达黄河最窄处——石门。这里的河床距离只有 38 米，由远及近，却并不给人压迫之感，反而更为黄河的奔流之速、两岸峭立的石壁、头顶白云的浮动三者造成的独特视觉感受深深地吸引，静谧中仿佛有一种神奇的力量推动着周围的世界，那是一种大自然的伟力，让人无法摆脱对它的神往和想象。

1931 年时的龙门

龙门是自然景观，黄河从此流经了不知多少个百万年，从黎明到黄昏的每一天，从盛夏到寒冬的每一年，从地老天荒到龙腾虎跃，所有改变只是造成不同的景观，一切都不会让黄河停止它奔流到海的脚步。也许正是因为大自然的造化太过神奇，几千年来与龙门相关的传说、故事从未间断，流传甚广。神话传说如鲤鱼跃龙门尽人皆知，半人半神的故事如大禹治水深入人心。龙门本身还有一个名字叫作禹门，或禹门口、禹门关。如果登上位于河津一侧的大梯子崖，北望石门，南眺龙门，对于黄河的认识一定会有一种格外的升华。

我们没有办法推测大禹究竟在龙门如何大动干戈，但我们可以亲见当代龙门人的奋斗与拼搏。河津市龙门村是黄河岸边的一个乡村，它因龙门而得名。而当代龙门村人也的确配得上这个荣耀之名。这里是河津也是整个运城地区较为富裕、经济发展较好的乡镇之一。大禹精神在当代龙门人身上得到弘扬。这里的工农业生产和旅游产业发展迅速，人们生活富裕，无不为自己生活在龙门这一胜景之地而自豪。行走在龙门景区，沿岸的景观正在重新打造中。表现现代革命历史的人物雕像及纪念碑依次矗立，一条沿岸修建的木栈道正在铺设，地老天荒之上势必展现出一种全新的面貌迎接八方来客。以强大的工业作为基础，这些蓝图一定能

今日龙门

够实现，唯愿这些新造的景观给人们带来的是对历史的了解，是游览的便利，且一定要与自然景观相融合。

对于在自然景观上做添加是否应该和必要，历来都存在分歧。如果大禹真的在龙门上历经十三年劈山通河，造福万民，那么另一方面，从他那时起，人们已经对自然动了手脚，早不再是原貌了。今天来到龙门，赫然在目的已经不是河两岸的石壁，而是架设其上的大铁桥，它才是横在黄河之上的“巨龙”。这是现代交通之需，是龙门必须接受的改变。遥想千年之前晃动的浮桥，甚至包括壶口瀑布处旱地行船的奇观，现代化进程中，我们在获得便利的同时，肯定也少了许多古人曾经的景观鉴赏机会。这是矛盾，是对是错只能任人评说。不但龙门，石门之上如今也架起一座桥梁，那同样是一条铁路桥。诗人、旅行家肯定会有不同看法，但社会的发展已是大势所趋。我们唯有希望，那人造的实物，无论造型还是色彩，与自然之间能最大限度地融合。

龙门村这个黄河岸边的乡村，如今拥有 3000 多人口，每年依然能吸纳为数不少的大学生来这里工作和生活。这可能比“无忧无虑，真是田家乐”的传统景观还要重要。龙门村在发展经济的同时也在努力保护生态，打造宜居适游的良好

恢宏庄严的龙门关隘

环境。这种融传统和现代于一体的发展之路，或许才是我们最想要看到的吧。

河津是运城矿产资源最丰富、工业基础最好的县级市。在很多人的印象里，河津就是一个以工业为主的城市。事实上，即使在河东地区，河津都是人文底蕴深厚、文化名人辈出的地方。仅仅说出司马迁、王勃、薛仁贵这三个名字，就足以让人惊诧。当然，由于行政区划的原因，王勃的故里通化镇早已属于隔壁的万荣县，而司马迁的故里现在已被认定为是陕西韩城。用河津当地朋友的话说，只有薛仁贵是无可争议的河津人。这也是一种无奈。就说司马迁吧，一句“迁生龙门”，几乎是为后世留下一个谜团。晋陕峡谷让秦晋两地隔河相望，这种相邻相隔的历史演变中，发生过很多故事。秦晋之好是大势，但也时有一些属于地域文化方面的争执。韩城有司马迁墓，有一个叫徐村的村子被认为是司马迁的故里，我 20 多年前曾经到访过那里。村子里的冯、同二姓，据说就是司马二字拆分后各自添加笔画形成的姓氏。两姓人视对方为自己的宗亲。

而在河津一面呢，从前也是有过司马迁墓的，而且本来有碑为证，后被黄河水淹没从而失踪了。河津的西辛封村，至今生活着很多姓司马的村民，他们世世代代坚信自己就是司马迁的后代。直至清光绪年间的《河津县志》，在人物类里，司马迁及其父司马谈都位列其中，被河津人视为本地最大的文化骄傲。龙门本来就是跨越晋陕两岸的，谁都有资格说自己是龙门的正宗。河津这边至今保留的龙门村名，就如同韩城那边留有司马迁墓一样，都是乡贤们坚称司马迁属于自己这一边的铁证。其实，司马迁究竟生于何处，祖上又从何而来，恐怕从来都是各执一词的吧。陷入这样的无休止论争实无必要。

如今的河津城，一座九龙塔矗立在河津市的制高点上，每到夜幕降临，九龙塔的灯光秀会吸引众多游人、市民至此观赏。在灯光闪烁和音乐伴奏中，观者不由赞叹于河津的自然胜景、人文历史以及当代的创造成就。置身其中，我对新造的塔和灯光效果充满好感。传承和弘扬优秀传统文化，不是要人们抱残守缺，不是躺在往日的辉煌上悠然自得，不是津津乐道于曾经富有过，而是要以当代人的眼光、当代人的抱负、面向未来的姿态，对传统进行创造性转化和创新性发展。就此而言，与其去争执一两位千年之前的名人究竟属于哪一个地方，不如学学先贤们的精神，做好眼前的事情，创造美好的未来。站在九龙公园的高台上，环视灯光璀璨的河津市区，让人心生感慨，更感振奋。只有拥有美好的现实，为更加美好的未来去拼搏努力，只有投入创造历史的进程当中，才能真正拥有过往的历史。

后土祠，有着4000年历史的祭祀之地

后土祠：两河交汇处的生生不息

在山西，万荣可能是一个非常特别的地方。这里是黄河与汾河的交汇处，山西的母亲河汾河就是从这里汇入黄河，汇入奔流到海的进程中。两河交汇，必是可以大做文章的地方，事实也果真如此，位于荣河镇汾阴脽上的后土祠，是具有4000年历史的祭祀之地。立于后土祠的秋风楼更是名满天下。2000年前，汉武帝刘彻在汾河之上泛舟，写下了流传千古的《秋风辞》。汉武帝写不写《秋风辞》，秋风楼依然在那里，但是，“欢乐极兮哀情多，少壮几时兮奈老何”的感叹，那种沧桑和浑厚穿越千年，激荡起多少人的哀与乐。秋风楼因为文学与帝王的双重影响力而声名远播。今天所见的秋风楼，位置和造型早已不是汉武帝时的情形。我记得20多年前来此参观时，当地朋友就曾介绍过，秋风楼本在黄河与汾河的交汇处，由于洪水的侵袭，秋风楼冲毁再建，往复六七次之多。现今的秋风楼为清同治年间所建，位置已离开两河交汇处数公里，并置于后土祠内，成为后土祠的重要景观之一。登楼而上，可见每一层都有石碑，同刻一首《秋风辞》。极目远眺，确有“念天地之悠悠”的感慨。

后土祠位于自轩辕时始设的祭地，从尧舜二帝再到夏商周，这里是历代皇家祭祀大地之神的神圣之所。后土祠是在原来的祭地之上修建的，建造时间正是汉武帝在位时。它同样历经了多次洪水冲垮，一再重建，为的是保留这深重的文化密码。从轩辕时的扫地坛到后土祠，再到北京的天坛地坛，历代帝王对土地的敬畏，对大地之神的敬仰可见一斑。

万荣是一个传统农业县。这种传统之深，让你感觉到即使是故地重游，观察人们的谈吐、趣味，人们的衣着、饮食，仿佛依然置身于往日的氛围中。万荣是一个具有独特文化标志的地方。万荣笑话应当是其中走得最远、影响日见其大的地域文化符号。我曾经到访过万荣笑话的发祥地谢村。四池八井十二巷，说明这不是个一般的小村落。村子的中心广场上有一株“柳槐树”，它是槐树，却长着柳叶，据说象征着这里的一切都非同凡响。万荣笑话的精髓始终贯穿一个主题，这个主题是一股精气神，书面点说是固执、执拗，当地人把这种气质称作“z è ng”，如何写却历来说法不一。目前出版的万荣笑话图书，都用“万荣72z è ng”来书写。我记得曾读过一本当代版的《万荣县志》，里边把万荣笑话凝聚的这种耿直与执着，称为“咬定青山不放松”，也是一个很好的阐释。

万荣是一个文化底蕴十分深厚的地方，历史上涌现过众多文化名人。今天的万荣，亟待一次现代化的提速，以跟上时代发展的步伐。万荣的地域文化丰富多彩，充满欢乐，但这里的人们同时也需要走出一方天地，眺望更远的地方，扩大视野，更新观念，以新的姿态和热情建设家乡。万荣的李家大院我这次是第一次参观，其阔大，其舒朗，其建筑风格的中西合璧，堪称壮观。李家大院的主人是曾经留学英国，并与欧洲人联姻后回家乡安居的。这个故事本身就代

哥特式风格的门楼是李家大院一大特色

李家大院正门

鹳雀楼

表了100年前万荣人的高远志向。在秋风楼东西走向的通道里，东面门洞的上面刻有“瞻鲁”，西面门洞上则对应着“望岳”一语。古时万荣人尚且有此眼光与胸怀，今人更应高远才对。我们的先人尽管生活在农耕时代，却有着心系天下的传统。同在河东，同在黄河之滨的鹳雀楼上，王之涣一定是登高望远，心情难以平复，于是才会有这样的感慨：“白日依山尽，黄河入海流。欲穷千里目，更上一层楼。”全诗就是一种希望看到更多、看得更远的欲求表达。“白日依山尽”固然是眼前所见，“黄河入海流”其实已是想象了，在山西永济是不可能看到渤海的。即使再上更多层楼，想要穷尽“千里目”，几乎也是不可能的。但人要有这样的志向，要有这样的胸怀。万荣这片热情的土地，一定会迎来更加美好的未来。

板枣文化·“青铜”制造

第一次来到稷山。

相传稷山是后稷神农氏教民稼穑的地方，稷山之名因此而得。这也注定了它与农业、农村、农民不可分割的恒久联系。稷山的标志性符号是红枣，当地人称之为板枣。山西是红枣的盛产地，而稷山板枣又是其中的第一品牌，它的特点是皮薄、肉厚、核小。稷山板枣的种植历史已达 2000 年以上。这 2000 年的概念是，自汉代以来的枣树至今仍然存活，不仅还能结枣，而且可摘可食。自汉而下，唐宋元明清，历代枣树同在一园，共结果实。千年共食一颗枣，这不是传说，也不是奇观，而是伸手可得的惊喜。在枣林里，我们有机会观看了枣农表演的打井、提水、浇

枣农的激情演出与田园之美

司马温公祠「忠精粹德之碑」，号称「天下第一碑」

灌的情景演出。不以文艺的标准要求，只感受那种热烈的氛围，表演者脸上的表情、手上的动作，就可以欣赏到劳动之美、田园之景。当地正在尽力打造红枣文化品牌，建起了规模宏大的红枣文化博物馆。其中既有关于红枣的科普知识，也有中国红枣的种植历史及地理分布，更有稷山板枣的详细介绍与展示。

红枣之于中国，可谓根深蒂固。从专业的研究角度讲，红枣的起源有两种说法，一种是起源于中国，另一种是多头起源说。总之都离不开中国。红枣的英文名字也很奇特，叫作“Chinese jujube”或“Chinese date”，中国元素不可剥离。而且从中国种植红枣的历史讲，其最早的种植地正是黄河中下游。稷山板枣，可谓正宗的中国枣。

红枣中孕育着不屈和奉献的精神。这种精神自大禹以来，就凝结在中国人所认可的英雄人物身上。我曾研究过鲁迅的散文诗集《野草》。《野草》的开篇叫作《秋夜》，第一句是这样写的：“在我的后园，可以看见墙外有两株树。一株是枣树，还有一株也是枣树。”这个关于枣树的陈述句震惊了很多人，近百年热议不止。

司马温公祠

山西宇达青铜文化艺术股份有限公司董事长卫恩科陪同作家一行考察

而根据有关记载，百年前的北京城，枣树似乎是最常见的树种，至少是最常见的结果实的树种。从气候、土壤、水文等条件而言，枣树顽强的生长力，可能是人们选择它来种植的重要原因。鲁迅的寓所其实是个规模不大的院落，《秋夜》里描写的两株枣树位于“墙外”，是别人家的。据记载，鲁迅自己小小的院落里，同样也种着两棵枣树。

红枣是北方植物，山西之外，山东、河南，以及新疆，都有驰名的红枣品牌。人们各取所需，选择的口味可以有多种。不过，来到稷山，方知穿越千年的枣树可以并列生长，而且都努力地结出红硕的果实，奉献给所需要的人们。这可真是对红枣亘古不变的精神最好的诠释。稷山也在全力打造板枣文化，提炼板枣精神，加强科学种植，摸索市场规律。访客到此，不但可以漫游枣林，与千年枣树合影，并且可以认领枣树，独享枣树开花结果的乐趣，感受板枣收获的喜悦。

离开稷山，下一站是夏县。夏县是中国第一个奴隶社会夏朝国都所在地，夏县因此得名。这里同样是人文荟萃之地。历史上的著名人物，一是东晋女书法家卫夫人，一是《资治通鉴》的作者司马光。司马温公祠是一处保存十分完好的胜景，其中不但有司马光父子、兄弟的墓地，更有号称中华第一碑的奇特景观。号称“中华第一碑”的原因之一是碑体的确硕大，通身超过8米之多，即使截成四节摆放，也如一面墙一样十分宽大。更重要的，此碑乃宋哲宗题额“忠精粹德之碑”，碑文则是与司马光同朝的苏东坡所撰，珍贵之极，堪当用一层楼来专放。我20多年前至此一游时，这里确也像个私家祠堂，古朴的建筑群落在乡间安置。如今再来访问，古朴的味道没变，但周围的环境却完全不是当年模样，大树参天，郁郁葱葱，芳草萋萋，野花盛开，真让人有一种美不胜收的愉悦。

在夏县人心目中，鸣条岗是个吉祥之地。这条横亘于县西的丘陵地带，具有深厚的历史传统，发生过众多历史事件。今天的鸣条岗，则是夏县经济发展最好的区域，夏县发展势头良好的企业，大都坐落在这一区域内。我特别感到欣喜的是，之前时常从艺术家韩美林、吴为山那里听说的专做青铜艺术品的卫恩科先生，得以在此次访问时相见。同行的文友们一路看来、听来，无不惊讶，那么多精美的青铜国礼，那么精美的大师雕塑作品，那么多熟悉的城市地标性雕塑，原来都是在山西夏县这么一个居于乡村的企业制造的。因为大家都是来自文艺界的，看到近20年来许多国家级文艺大奖的奖杯，同样都是夏县制造，更是惊叹不已。这样的制造之所以能够走向全国，走向世界，与这片土地深厚的文化肯定有着内在的联系，同时也与当代夏县人矢志不移的努力、勇于创造的意志、不断开拓的精神、广泛交流的热情有着必然联系。从这些人身上，我听到的都是充满自豪、自信的表达，看到的都是前程似锦的景象。我想，悠久灿烂的历史、深厚的人文底蕴、星光耀眼的人物，这些既是我们文化上的骄傲，更应成为当代人前行的动力。只有胸怀远大，眼光向前，朝着未来的目标去扎实努力地奋斗拼搏，历史的底色才会在当代发散出更加耀眼的光芒。运城人正在朝着这个目标努力，也在这条道路上稳中求进。有着数千年辉煌历史的河东大地，正在开放着面向未来的希望之花。

（本文刊发于2022年8月26日《光明日报》副刊“文荟”）

柳建伟，河南南阳人，作家、剧作家，中国作家协会主席团委员，中国电影文学学会副会长，国家文化名家，享受国务院特殊津贴专家，八一电影制片厂原厂长。主要文学作品有长篇小说《英雄时代》《突出重围》《北方城郭》《柳建伟作品》（十三卷）；电影剧作《惊涛骇浪》《惊天动地》《飞天》《血战湘江》；电视剧剧作《突出重围》《石破天惊》《爱在战火纷飞时》《桐柏英雄》等。曾获茅盾文学奖、夏衍电影文学奖、冯牧文学奖、庄重文文学奖、中宣部五个一工程奖、解放军文艺大奖、全国优秀电视剧编剧奖；电影华表奖、金鸡奖、百花奖；电视剧飞天奖、金鹰奖。

说说河东的三大传奇

柳建伟 ◎

▶ 佛教的寺庙，在河东竟能变成爱情胜地！这难道不是奇迹吗？

▶ 没有唐初四杰才华之首王勃在《滕王阁序》里写出的“落霞与孤鹜齐飞，秋水共长天一色”等名句，又有多少人能知道南昌有个滕王阁？

▶ 唐宋这四个在官场极度失意的文人，在正确的时间，正确地遇到了这四个只有单一功能的楼阁，融景而生情，因情而抒发，各自写出了他们最高水准的诗文，让这四个楼阁名扬天下，同时也让自己永垂不朽。

▶ 这四大奇迹，如硬要违反文无第一这个潜规则，把它们排个顺序，我把河东永济的鹳雀楼和山西太原的王之涣，排成第一。因为王之涣的《登鹳雀楼》用字最少，区区 20 字，一字不可替换。

▶ 我讲关羽是河东大地上的一个奇迹，是赞叹、惊叹和慨叹他死后一两千年获得的追封和哀荣。

▶ 明清官方密集追封关羽的几百年，恰恰是晋商从崛起到繁盛的几百年。在这几百年里，关羽在民间又成了武财神和民众的保护神。

▶ 关羽获得的后世荣耀，恐怕只有孔子才勉强能望其项背吧。

秦始皇完成统一大业之后，实行郡县制。他把全国分成三十六个郡，其中一个郡叫河东郡。而今天的河东，专指山西省西南的运城市。

河东运城在中华五千年文明史上，有着显赫的、无与伦比的地位。黄帝和蚩尤大战于运城，争的是运城盐湖的盐，为的是自己部落的长期可持续发

七彩盐湖

展。黄帝的妻子嫘祖在运城夏县教民众养蚕缫丝，结束了人们靠兽皮、树叶遮体的历史。后来，尧、舜、禹三帝，均在河东运城建过都，从此开启了绵延几千年的中华文明。后来，运城河津人司马迁（编者注：一说陕西韩城人）评价说：天下明德，皆自虞帝始！虞帝，就是舜帝。

此后几千年里，河东运城出过很多很多划时代的大人物。关羽、柳公权、吕洞宾、柳宗元、司马光，都是从河东这片神奇的土地上“走”出来的。

河南南阳柳氏修祖谱时，我就知道了河东柳宗元是南阳柳氏的先祖。“千山鸟飞绝，万径人踪灭。孤舟蓑笠翁，独钓寒江雪。”这是我读到的最早一批唐诗中的一首，也是我认为千古第一的藏头诗。20 个字，藏头一个“千万孤独”，太厉害了！后来，我知道了唐楷书大家柳公权是柳宗元的族叔。当然，我也知道河东柳氏家族奇女子，嫁给陈龙丘后大搞女权主义，经大文豪苏东坡一首“龙丘居士亦可怜，谈空说有夜不眠。忽闻河东狮子吼，拄杖落手心茫然”的打油诗，留下了“河东狮吼”这样一个有名的成语。

既是河东柳氏后人，得邀到河东运城走走看看，我自是求之不得。于是，就有了我 2022 年 7 月中旬的 5 天“寻根之行”。这根，既有华之根，又有柳氏之根。

先祖柳宗元，在永州做了十多年司马，写了《永州八记》等文章。我到河东运城寻根，自然也想写点文字。可是，运城值得写的，实在太多太多。思前想后，只想说说我眼里河东的一寺、一楼、一人三大传奇。

寺叫普救寺，建在运城永济的地界上，大约隋朝初年开始修建。1000 多年来，普救寺和中国其他著名寺院的命运大致相似，毁了建，旧了修。普救寺原来有座塔，叫舍利塔。这个规制，当然是个十分正统的佛家寺院了。

唐朝中叶，和柳宗元几乎同时代的文学家元稹，根据自己的一段经历，写了一个传奇故事《莺莺传》。元稹把这个传奇爱情故事的发生地，放到了永济的普救寺里。从此，这个普通寺院的命运，开始发生世俗化的改变。

《莺莺传》写的是个始乱终弃的悲剧性爱情故事，又是话本这样的文体，问世后自然是不温不火，流传不广。元稹去世后好几百年，金朝一个姓董的解元，把元稹的话本改成戏，搬上了舞台。董解元死后几十年，元朝的大戏曲家王实甫，对“发生”在普救寺的爱情故事，做了颠覆性的改变：主题由始乱终弃，变成了

普救寺

普救寺莺莺塔

有情人终成眷属。《莺莺传》脱胎换骨变成了《西厢记》。此后，普救寺开挂一般发生着历史性的变化。

寺院重修的舍利塔，顺应民意更名为莺莺塔。不久，人们发现了这座塔具有回出蛙叫声的神奇功能。几十年前，这塔在深夜开始传出《西厢记》的唱腔片段。种在崔莺莺住的梨花深院墙外的梨树，也朝院内横长出一个粗壮的树枝，似乎是要方便张生爬墙入西厢和崔莺莺深夜相会……这些神奇的改变，终于把一座传统的寺院，革命性地变成了一处爱情胜地。

佛教的终极任务，本来就是普度众生出苦海，以达极乐之境。崔莺莺和张生，俊女靓男，在寺院的客房西厢，实现了有情人终成眷属的人生梦想，这不是佛乐意看到的事情吗？于是，“待月西厢下，迎风户半开。拂墙花影动，疑是玉人来”之类破规破戒的小错，佛就假装不知不予惩戒了。

佛教的寺庙，在河东竟能变成爱情胜地！这难道不是奇迹吗？

楼叫鹳雀楼，原来也建在运城永济的地界上。现在新建的鹳雀楼，朝黄河那边移了好几里地。三十年河东，三十年河西，黄河自己会打滚，在原址重建鹳雀楼，登楼就看不清黄河了。

鹳雀楼和黄鹤楼、岳阳楼、滕王阁，并称中国四大名楼，已有千年以上的历史了。岳阳楼和滕王阁是为镇洞庭湖和赣江水患而修建的。黄鹤楼和鹳雀楼，最早的功能是做军事瞭望塔。镇水的塔和楼、军事瞭望的塔和台，五千年来，在水患和战争频发的中国大地上不知修建过多少个。为什么这四个楼阁能做到毁了重修，名满天下呢？答案只有一个：这四大名楼，都伴生了堪称千古绝唱的诗文。没有唐初四杰才华之首王勃在《滕王阁序》里写出的“落霞与孤鹜齐飞，秋水共长天一色”等名句，又有多少人能知道南昌有个滕王阁？没有大唐诗人王之涣在鹳雀楼上吟出的“白日依山尽，黄河入海流。欲穷千里目，更上一层楼”这 20 个今天中国男女老少皆能背诵的字，谁会在盛世去重修这个军事瞭望楼？没有大唐诗人崔颢在黄鹤楼上发出的“日暮乡关何处是？烟波江上使人愁”这句可穿越千古的人生慨叹，谁还能记得三国时的孙权在夏口的蛇山上修建的一个小小的瞭望塔？没有北宋文学家范仲淹在《岳阳楼记》里写出的“先天下之忧而忧，后天下之乐而乐”这样的为官为人警句格言，谁会到洞庭湖去踏访那个用来“镇水”的岳阳楼？

唐宋这四个在官场极度失意的文人，在正确的时间，正确地遇到了这四个只有单一功能的楼阁，融景而生情，因情而抒发，各自写出了他们最高水准的诗文，让这四个楼阁名扬天下，同时也让自己永垂不朽。

这四大奇迹，如硬要违反文无第一这个潜规则，把它们排个顺序，我把河东永济的鹳雀楼和山西太原的王之涣，排为第一。因为王之涣的《登鹳雀楼》用字最少，区区 20 字，一字不可替换。

最后说说一个人创造的奇迹。这个人名叫关羽，河东解县人，生于东汉桓帝延熹三年，也就是公元 160 年，死于东汉献帝建安二十四年，建安五年被封汉寿亭侯，公元 260 年，蜀汉后主刘禅追封他为壮缪侯。

关羽，传说是东汉末年河东解县一个杀猪匠，25 岁那年不堪豪强压迫，杀人后只好亡命天涯。这个激情杀人的行为，对于关家带来的打击是毁灭性的，关羽的父母投井自杀了，他的妻子只好带着 6 岁的儿子回娘家避难。如果不是这一年爆发了黄巾起义，天下大乱，关羽大概率会被官府抓到，给解县那个富豪吕熊偿命。关羽在乱世躲了四年后，在今天河北的涿州，和刘备、张飞结拜为中国历史上最

鹳雀楼

鹳雀楼上，凭栏俯瞰黄河浩荡

鹳雀楼上王之涣雕像

为著名的异姓三兄弟。

关羽的生平事迹，陈寿的《三国志》用了区区两千字简要记载了。一个亭级的侯，一个由普通平民逆袭成侯的蜀将，陈寿用两千字写他，已经够意思了。在陈寿这样严肃的史学家眼里，像神医张仲景即便书写了《伤寒杂病论》的人，都是没资格立传的。确实，三国时代，像关羽这样能把忠义仁勇实践到如此境地的人不多，但也绝对不是唯一的一个。

我讲关羽是河东大地上的一个奇迹，是赞叹、惊叹和慨叹他死后一两千年获得的追封和哀荣。

宋徽宗崇宁元年，也就是公元 1102 年，赵佶这个酷爱书画，后来成了亡国之君的人，开启了追封关羽的历史。此后 21 年里，宋徽宗追封关羽四次，先封个忠惠公，两年后再封个崇宁真君，过了四年干脆封成武安王，又过五年在武安王前加了个义勇。义勇武安王关羽，并没护佑住北宋，四年后，宋徽宗赵佶作为太上皇被俘，北宋也亡了。宋高宗赵构南渡后第一年，就封关羽为壮缪义勇武安王。这个壮缪，是从蜀后主刘禅那里拿来的。60 年后，宋孝宗再加封关羽两个字：英济。于是关羽在死后 868 年，由侯变成了王。

元朝中后期，政权开始不稳，元泰定皇帝追封关羽，这次把有歧义的“壮缪”改成了“显灵”，想让关羽保大元的意思相当直白。

不知什么原因，明朝开国皇帝不大喜欢关羽。朱元璋刚一登基，就下旨剥夺了关羽在宋元获得的所有封号。关羽又成了汉寿亭侯。这一年，关羽已经去世 1149 年了。

公元 1590 年，也就是万历十八年，万历皇帝面对严重走下坡路的国家束手无策，也不管朱元璋喜不喜欢关羽了，开始疯狂追封关羽，一出手就把关羽封成了帝。此后 30 年，万历敕封关羽多达 6 次！万历去世前 6 年，关羽成了“三界”伏魔大

解州关帝庙春秋楼

解州关帝庙关公帝王像

帝神威远镇天尊关圣帝君！于是，关羽在明朝末年成了可管“三界”的“大帝”。

清朝十二帝，有一半加封过关羽，一共封8次。最夸张的封号，是光绪五年封的，封号长达26个字：“忠义神武灵佑仁勇威显护国保民精诚绥靖翊赞宣德关圣大帝”。这个登峰造极的封号，自然是慈禧太后的旨意，8岁的光绪皇帝，是想不出这么多好词的。

至此，关羽的官方敕封，已可称万世人极了。

明清官方密集追封关羽的几百年，恰恰是晋商从崛起到繁盛的几百年。在这几百年里，关羽在民间又成了武财神和民众的保护神。

关羽获得的后世荣耀，恐怕只有孔子才勉强能望其项背吧。

河东这片神奇的土地，一定还会孕育出许许多多的奇迹。我坚信。

徐剑，火箭军政治工作部文艺创作室原主任，中国作家协会第八届、第九届、第十届全国委员，中国报告文学学会会长，一级作家，中宣部全国宣传文化系统“文化名家暨四个一批人才”。曾获中宣部“五个一工程奖”、首届鲁迅文学奖、中国人民解放军文艺奖、飞天奖、金鹰奖、中国图书奖、中华优秀出版物奖、中国好书及中国作家出版集团优秀作家贡献奖等。先后出版“导弹系列”“西藏系列”的文学作品700万字，著有《大国长剑》《大国重器》《东方哈达》《天晓1921》等30余部作品。

枣树记

徐剑 ◎

▶ 那弥散在故乡老街的枣香，像迷了魂一样，使我对枣树有一种天然的敏感与亲近。

▶ 放眼望去，树干黢黑，布满皱纹，树心炸裂，被雷劈火烧过后，仍青枝绿叶，青枣缀满枝头，硕果累累。每一株犹如天阙玉树，古树盘根，遮天蔽日一片阴凉。不由得惊叹一声，好大一园古枣树！

▶ 稷山县这一片古枣树林，老树枯枝新芽，盘虬野地，躯干枯槁，天火闪电击过后，寒霜侵身，雪野覆盖，却活到了今日，千年不死。

▶ 千年过去，树心已被天火烧焦，树干被剑戟斩断，可叶脉还在流淌，板枣缀满枝头一树连一树，一园接一园，在春阳、夏雨、秋风中，笑着，花摇枝颤。

▶ 红枣酱色如血、如火，是炼狱过后的浴火重生啊。

▶ 母亲河，枣祖树，老且弥坚，仿佛在喻言中华子孙繁衍，万家兴旺，江山永固。

我对枣的寓意的理解，源于小舅的婚礼。那天，母亲塞给我三角钱，交代道，去供销合作社买半斤红枣。我将三角钱攥在手心里，狂奔如小马驹，“嘚嘚”的脚步声回响在老街的石板路上。古镇为驿站，一至五甲一条街，从外婆家五甲，跑到三甲火巷张家门铺，一华里，站在高高铺搭前，怯生生地说：“半斤红枣。”店主一只眼睛坏了，眨着云翳，翻了翻白眼，从玻璃瓶里抓红枣装进牛皮纸袋，称好，递给我。我双手抱着半斤红枣往小舅家跑去，枣香溢满古街。我气喘吁吁

稷山板枣公园古树参天

地将枣交给母亲，只见母亲将红枣拿出来，装进将封口的红被子，剩余的撒在婚床褥子上，喃喃念道：“早（枣）生贵子！”满脸悦色。

这是我第一次知道大枣还有如此美好的祝祷之意。那弥散在故乡老街的枣香，像迷了魂一样，使我对枣树有一种天然的敏感与亲近。

那个夏日晌午，车入稷山县万亩唐枣树林，那掩埋了半个世纪的枣香记忆，突然被激活、唤醒了。

喊枣魂者归来。一园汉枣树、魏晋枣树，最多的是唐枣树。放眼望去，树干黢黑，布满皱纹，树心炸裂，被雷劈火烧过后，仍青枝绿叶，青枣缀满枝头，硕果累累。每一株犹如天阙玉树，古树盘根，遮天蔽日一片阴凉。不由得惊叹一声：好大一园古枣树！

古枣树遮天蔽日，蔚为大观。我的思绪转至从前，少时读大先生（编者注：即鲁迅）《秋夜》，开篇就是经典妙语：“在我的后园，可以看见墙外有两株树，一株是枣树，还有一株也是枣树。”后来我长大了，屡入百草园，周家后花园里，不见两棵枣树的踪影。大先生秋夜所见枣树，应该在北平城里。那两株枣树，本不属于南方。

在我的老家云南，也鲜见枣树。很多年后，我在河南灵宝、甘肃酒泉，见过不少野枣树，多为荆棘丛，并不像山西稷山县这一片古枣树林，老树枯枝新芽，盘虬野地，躯干枯槁，天火闪电击过后，寒霜侵身，雪野覆盖，却活到了今日，千年不死。

想想我家永定河边的柴门前，邻居家院落里也种了一株枣树，将近 10 年了，仅小碗口粗。邻家数年未住人，无人打理，靠天雨而活。枝头照样结满了枣，秋天红成半树，金风一吹，坠落一地，拾起来，咬着香甜嘎巴脆。去年春夏雨水少，见叶子发黄，我以为会干涸而死，谁知一场春雨过后，葳蕤如昨。

千载如斯，稷山的千年唐枣树祖，也是这番活法吗？下车，近树情亦怯，我们向一株株古枣树走去，溯岁月田埂而上。

甘棠井惊现于前，身着汉服、唐装的枣农载歌载舞。“合、四、乙、尺、工”，鼓、镲、锣、号奏响，胡琴裂帛。我未赶过去凑热闹，踏着时光的鼓点，走近唐枣、晋树，红枣树祖兀立旷野，汾黄之间，连林成海。最早的已有 1800 年，有的要两三个人伸手相围才能环抱。这是一株怎样的古枣树啊！接汉风唐月，宋雨元霜，

唐枣园古枣树

神秘幽远的板枣园古井——甘棠井

让人走近时，只想拥抱，只想依偎，只想谛听她的历史心跳。很多株古枣树心枯如井，如铁，只余下薄薄一层皮，真让人担心，倚在树干上，会轰然倒下。刹那间，心生敬畏和感动。从枝丫缝隙望穹隆，仰天长叹，生命何其短，摩挲、歌吟过这园老枣树的文人墨客早化为泥土。千年过去，树心已被天火烧焦，树干被剑戟斩断，可叶脉还在流淌，板枣缀满枝头一树连一树，一园接一园，在春阳、夏雨、秋风中，笑着，花摇枝颤。

摩挲着那一株株老枣树祖的皮肤，我的手陡生粗糙感，这种锉痛由皮肤传入神经，直抵心脉。无边的痛后，却是血一般的奔突，红枣酱色如血、如火，是炼狱过后的浴火重生啊。一颗、两颗、三颗、四颗板枣，水煎，煮沸，枣香四溢，水雾冉冉，万千中药的苦，皆伴枣性而聚变、而新生。那是痛楚过后的沸腾。谁会想到，一枚枚河东板枣，竟然还是救命之丹。

10年前，至亲遽然染疾，幸有名医悬壶济世，妙手回春。治疗后，处于恢复期，亦无药可开。医嘱说，只需调理即可，到中医院开几剂中药吧。后用了一个妙方：虫草两根、西洋参十数片、宁夏枸杞一把、稷山板枣四枚，兑水三四百毫升，陶锅里煮两个小时，趁热喝下，再将所有药渣嚼服。日复一日，月复一月，一喝就是三载，抵抗力大增，恶疾已远。那一刻，我对红枣，对河东板枣，有了一种膜拜感，它的功力远远超出“早生贵子”的民间祝福，更兼发百草之七味，和烈药之中庸，抑毒药之暴戾。三四枚板枣一放下去，各种烈药、苦药、补药、泻药都中和了，成一服济民良药。毒性去，烈性减，补到位，泄不死，苦可口，其要谛正在于一粒粒红枣的吸纳、添减、平衡、调剂与温补之功。

发现板枣有药补之效的郎中，远及汉代。首推南阳张仲景，但影响最大的是神医华佗。相传曹操患头风病，寒风一吹就发作，心乱目眩。华佗巡诊，望闻问切后，知道实乃心病——既生瑜，何生亮？既有卧龙岗，何必铜雀台啊！遂为曹公针灸，瞬间脑清目明。曹丞相高兴，欲重赏华佗。华大夫摇头，说针灸之疗，只管一时，不管一世。安邑御枣和烈药，可除丞相脑疾。

华佗为曹孟德配药，稷山板枣用得最多。采摘于河东御枣园，运至洛阳城，驿程几百里。后来，称帝后的曹丕下诏，问群臣：“南方有龙眼、荔枝，宁比西国葡萄、石蜜乎？酢且不如中国凡枣味，莫言安邑御枣也。”曹丕不仅是文章大师，也是美食家。南方有嘉木，驿马驮来的龙眼、荔枝都吃过了，可他觉得不如西域来的葡萄和石榴好吃，味道发酸，甚至不如中原普通小枣，何论河东安邑御枣呢！

稷山县属河东郡，板枣又称河东枣，汉代就是贡枣，亦叫安邑御枣。太史公云：“安邑千树枣，燕、秦千树栗，蜀、汉、江陵千树橘。”司马迁故里就在河东龙门，

万亩古枣树遮天蔽日，蔚然大观

河东一脉，离稷山枣园只有几十里，他壮游天下前，当来过稷山板枣园，才会将稷山板枣与燕、秦栗子，蜀、汉橘子相提并论吧。板枣与栗、橘一样，早就是中华古国的珍品佳肴。江山留胜迹，一枣泽万代，谁可堪比？

河东板枣入药文献记载，始见于晋代。南朝陶弘景配药时，常用板枣为药引，在《本草经集注》中写道：世传河东枣特异，与青州、江东、临沂、金城不同。陶弘景道出了配药的一个妙方，天下之枣多矣，入药作引，唯稷山枣甲天下啊。

皇天后土必育御枣。那天踏进河东地界，先祭后土祠。登秋风楼，望河汾交汇处，大河如镜，清浊分明，遥想汉武帝吟《秋风辞》。那是公元前 113 年秋天的事，刘彻率群臣巡游，至河东郡汾阴县，祭祀后土，摆放的贡果是板枣。皇天后土苍生命，有粮不慌，有枣更带来吉祥。时，秋风萧瑟，鸿雁南归，登上楼船，泛舟黄河、汾河并流水域。帝宴中流，逝水如斯。文功武略、求仙封禅的汉武帝终于被秋风吹醒了，天下哪有长生不老之药，御酒喝罢，遂吟《秋风辞》：

秋风起兮白云飞，
草木黄落兮雁南归。
兰有秀兮菊有芳，
怀佳人兮不能忘。

稷山唐枣园

泛楼船兮济汾河，

横中流兮扬素波。

箫鼓鸣兮发棹歌，

欢乐极兮哀情多。

少壮几时兮奈老何！

碑文为唐人书丹，行书，是二王书风，魏晋风骨，颇与汉武大帝的心境契合。不知那年司马迁随行否？彼时，离太史公辞世仅有两年。《史记》未收此辞，还好，班固《汉书》为汉家天子歌吟留痕。天上大雁飞过，秋风吹过，百草霜衰，美人无颜色，唯黄河黄花遍地香。

青春几何？人生岂能不老。汉武帝未曾想到，江山、宫阙、扶栏、楼船，雕栏玉砌，都经不起兵燹与宫乱。一阵秋风起，唯有远处的古板枣树见证了时间、岁月、王朝，千年过尽，依旧生机勃勃，生儿育女，硕果不绝，历时千载，仍将衰老和死亡拦在枣园之外。

从秋风辞碑前移步楼顶，远眺黄河与汾河汇合处，水开天境。自盘古开天，三皇五帝，最初祭祀的是“社”，“社”就是土地之神，后土地母。商代以降，祭“社”又加上一个“稷”的仪式。“稷”就是谷神，周代的始祖后稷，封地就在距后土祠不远的稷山县，皆属河东郡。后稷种谷成神，粮安中华万世。而传说稷妻则嫁接了千年仍在结枣的板枣树。五谷之根，家化万物，有粟、有麦、有谷、有稗，亦有千年枣树。江山社稷百姓安，有粮则命安，有枣则福来。

梦断大河水不尽，何处枣生三晋地。我往热闹处走，甘棠井亭前，观枣农们穿汉服唐装，老翁、老妪摇辘轳，耕夫和歌。我倚在树前照相，仿佛是依偎在老祖母的怀里。东风掠过，一阵清凉，一股枣香，是老奶奶树祖之味，是摇篮之中母亲的奶香、枣香。

千年枣树活着，活在大河之滨。母亲河，枣祖树，老且弥坚，仿佛在喻言中华子孙繁衍，万家兴旺，江山永固。一河血脉，与千万株枣树相连。秋风起兮明月夜，文心如初，元气依然。

莫道枣树老，一枣一树皆成林。

（本文刊发于 2022 年 10 月 7 日《光明日报》作品版）

王久辛，《西北军事文学》副主编，《中国武警》主编，编审，大校军衔，首届鲁迅文学奖诗歌奖获得者。先后出版诗集《狂雪》《狂雪Ⅱ集》《致大海》《香魂金灿灿》《初恋杜鹃》《对天地之心的耳语》《灵魂颗粒》等8部，散文集《绝世之鼎》《冷冷的鼻息》《老友旧事》，文论集《情致·格调与韵味》等。2008年在波兰出版发行波文版诗集《自由的诗》，2015年在阿尔及利亚出版阿拉伯文版诗集《狂雪》。

河东集境（三首）

王久辛 ◎

▶ 一涡涡的旋窝，像火焰连成的，
巨浪排空，向天际奔腾。

▶ 与心跳一个节奏的动人心魄，
与心潮一个澎湃的漫长回忆。

▶ 一河的九曲回肠，绕啊。
绕啊！在我的眼底心上，
乃至梦中流淌。
像情话落入梦中，
似梦里的情人站在眼前歌唱。
激越的旋律含着歌声，
漫过了河东，又覆盖了河西。

▶ 大河上下，黄汤滚滚。
鼓动着暑热厉风吹落了太阳。

河东油亮亮

河东的夜色丰富至单纯，
是单纯的丰富，丰富的单纯。
浑浊而又黄稠的大河之水，
较澄澈湖水在月下呈现的，

咆哮的黄河水

清悠的，粼粼碧波，
完全不一样。
它油亮亮地晃眼，还含了分量。
一涡一涡。刺目，扎心。
是涡沉于河的油亮亮，
沉浸了几尺几丈的火焰，
是动的，是蹿的。
从上到下，或从下到上，
照眼明，映亮心。
一涡涡的旋涡，像火焰连成的，
巨浪排空，向天际奔腾。

哦，这一河，
内在而又本真的火焰，
咆哮而又奔腾着的火焰。
舞着丰富的美，
在单纯的极致中迅猛飞驰。
油亮亮的光，闪耀着，
与心跳一个节奏的动人心魄，
与心潮一个澎湃的漫长回忆。

北方的月亮，与南方不同，
落照河东，似含了铅的沉重。

一涡涡的光焰，闪耀着水的，
如油似漆般金贵的，浓情蜜意。
一河的九曲回肠，绕啊。
绕啊！在我的眼底心上，
乃至梦中流淌。
像情话落入梦中，
似梦里的情人站在眼前歌唱。
激越的旋律含着歌声，
漫过了河东，又覆盖了河西。
“漫山遍野的青纱帐里，抗日英雄真不少”。
天籁之幻声，
顺流而下，势不可当。
直接就灌溉了我的心房。
漫到了，我们文旅之舟，
此时此刻的船上。
河东依然摇摆着昨天的船桨，
油亮亮的河东，
日夜奔流着的河东，
翻卷着丰富而又单纯的，
亮火烛照的河东。
磅礴着，
自洪荒而来的，光的力量。

“秋风楼”夏名考

乘兴，登斯楼也！

问题是：正值盛夏。
秋尚远，却要登秋风楼。
春可登，夏可登，
绕过金秋隆冬亦可登？
大河上下，黄汤滚滚，
鼓动着暑热厉风吹落了太阳。
寻楼而上，噢吼，
咱来也！

秋风不遇，名楼可登。
名可名，非常名。
登可登，非常登。
不遇秋风遇夏风，秋风楼上，
可以嗅到黄汤的澄澄麦香。
汉武大帝刘彻来过六次，
泛舟歌榭，回回豪情万丈，
堪比西风烈。
噢吼：秋风起兮白云飞。
一口气，
吐出个白云飞的千古绝唱！

爽！爽！爽啊。

问题是：咱登此楼，
正逢酷暑，哪得诗兴？

秋风楼

寻幻象，瞅那汉武大帝脖颈上，
爆炒的汗珠儿，却在咱的，
腮帮子上尽情地流淌。
这才体味到了：
“汗滴禾下土”的辛劳。
才明白了：
天下的妙词佳句，
统统抗不住酷暑的阻挡。
上，上，上！
抹一把下巴，甩一把汗，
汉武大帝也挡不住汗水汪洋。
热痒痒的皮肤，
热痒痒的眉眼，
上了三楼，才遇秋风送来的爽。

爽，爽，爽呀！

那汗湿的前襟，
又紧贴着汗水浸透的脊梁。
今人古人，都一个样！
突遇凉凉阴风吹，
又被穿堂的利风送来个爽。
爽，爽，爽若秋来也，
却是夏正旺。
想象一下秋天的风，
和秋风里的汉武大帝：
他正装腔作势，拿捏音调儿，
叹息人生至晚风光好。
夕阳西下，他即兴挥毫作《秋风辞》，

站在秋风楼上远眺黄河

一副诗人得意的潇洒样！
惊心一念，春去也，
夏亦要去了。
好不令人生出无限留恋意，
万古流芳情……

嗯，咱赞他刘彻个千古绝唱。
又何妨？做皇帝，
还真不如做个诗霸王。
岁月埋不掉，
谁也无法挡！

乘兴。登斯楼也！

《西厢记》故事主场地梨花深院

《西厢记》张生翻墙考

他攀树爬上墙头时，
圆月正在河东一个旋涡里晃荡。
碎了的光，没有被他看到。
他急着上树，然后上墙，
之后翻身而入“梨花深院”。
莺莺在等他呢。
嗯，多么美好的回忆呀！
是的呢。和着他的心跳，
在莺莺塔的塔尖尖上晃荡，
在莺莺的心尖尖儿上晃荡。

看我们的张生多么的勇敢。

《西厢记》中，张生自此越墙与莺莺相会

勇敢的张生。
胆正的张生。
要是能附入我的身体该有多好？
我也英雄救美，
我也调兵遣将杀退乱军，
我也来个一鸣惊人的金榜题名。
那该多好？
那该多么的好啊！

我也顶着圆月，
在河东水面破碎的银光中攀树爬墙。
然后就是翻身而入大美之境界，
潜入莺莺的西厢，
潜入人间至美之极境地，

潜入若比梦的天堂。
梦是需要好好做的呢！
张生呀，莺莺啊，
可不能辜负了这一切呀！
你们知道我有多么的羡慕你们吗？
我嫉妒的心都要疯了呀！
你们进入西厢，
进入我的梦，又进史，
又入典，又千古风流，
还夺了王实甫的魂，
收了我的心。
让我学习张生莺莺好榜样吧？
若是我少年中年就学了，
若是我和我的四海之内的，
兄弟姐妹们都学了。
那该多好！
那该多么的好啊！
那该改变多少人的命运？
又该有多少多少对儿，
“有情人，终成了眷属”啊……

（刊发于2022年10月《诗刊》）

刘阳，《红岩》主编，编审，中国作协会员，中国书协女书法家委员会委员，享受国务院特殊津贴专家。出版有散文集《我的生活》、学术专著《新时期〈红岩〉杂志的旗帜与道路》等，书法作品《墨缘英华——全国著名女书法家刘阳作品集》以及多种书法合集。

唱着歌儿到运城

刘阳 ◎

▶ 冥冥中，怎样的美而玄妙的冥冥之中，注定了我与一首歌的缘分！年轻时就喜欢唱《人说山西好风光》，现在到了好风光的山西运城，如梦如幻。

▶ 峭壁对峙，刀削斧砍，河出其中，形如门阙。站在雄踞两岸的铁桥上，桥下湍急水流，波涛拍岸。此乃黄河咽喉，发生过多少远古的争战，以及近现代历史进程的风云。风从河面吹来，凭吊之情溢然于胸，眼底黄河亦真亦幻，似从远古磅礴而来。

▶ 黄河穿行黄土高原晋陕大峡谷在这里出口，一路千折百回，聚集着泥沙，聚集着云雾，聚集着雷电，聚集着日月，蓄势而来，奔涌而来，形成无穷之力、不竭之力，形成黄河咆哮之力，形成母亲河养育之力。

▶ 大海有底黄河无底，黄汤汤黄河水，如金黄绸缎，这里褶皱堆起，那里波纹迤逦。

▶ 唱着歌儿到运城，没想到这里太美。大自然，原始而有质感；人文美，教化我于精神。美到我发颤，美到我流泪。深陷在一种美中，深陷于美的极致，激动难以抚平。

我不懂风水，李家大院却给了我藏风聚气的提示，让光照进屋，把吉留住。李家的光是善，李家的吉是善。

冥冥中，怎样的美而玄妙的冥冥之中，注定了我与一首歌的缘分！年轻时就喜欢唱《人说山西好风光》，现在到了好风光的山西运城，如梦如幻。一周的采

人说山西好风光。图为山西境内太行风光

风时间，激越地唱，抒情地唱，反复咏唱《人说山西好风光》。

我知道我唱歌的样子有多傻。我的生活不能没有歌。歌声像灯，被歌声照亮的我是什么样子，我想象得到，我想象不到。

从长江之滨到黄河岸边，这时间之约，空间之约，缘分的践约之约，分明是一首歌引我而来！我必踏歌而行。这冥冥中的安排，这命里的安排。我贴着大地踏歌而来。

随高铁的车轮滚滚，大清早从重庆出发，不到8小时距离，第15个站便达运城。这一段缘分啊，如酒，酿了又酿，如歌，唱了又唱，用了好长的时间好长的旋律。

一落脚，踏上运城的土地，一种气息扑面而来，山川的土地的民间的庙堂的历史的现代的，种种气息混杂一起浓烈包裹我，我却毫无准备。我被这气息当头一袭，惶然中快速整理日渐浮浅荒芜的皮囊，收拾尚未丢失的虔诚之心，踏上这土地。站在运城，这气息将我扶住，使我站得稳，站得实。

人说山西好风光
地肥水美五谷香
左手一指太行山
右手一指是吕梁
站在高处望上一望
你看那汾河的水呀
哗啦啦啦流过我的小村旁……

我情不自禁唱起来。先虔诚地献给运城一嗓子吧！

一开嗓，就停不下，就唱吧歌吧，为运城歌唱，做一个自我陶醉的歌者，何乐不为？

运城位于黄河之东，古称河东，有人说运城在黄河拐弯的臂弯，像块宝地被黄河用臂膀揽着。其东有太行，北是吕梁，横亘在黄河与太行山之间，还有一座山脉叫中条。表里山河说的是山西，其实说运城似乎也适合。

这里有水，涑水、汾河、黄河。她们皆为母性，当然最母仪天下的是黄河这条大河，涑水河、汾河汇入她，集川流而成浩瀚。丰沛不竭之水灌溉这里的植物，养活这里的人畜，丰饶人的衣食，丰饶人的情志。我迫不及待去拜谒黄河，迫不及待要投入黄河的怀抱。

来到河津禹门口，先登临龙门吧。

《水经注》载："龙门为禹所凿，广八十步，岩际镌迹尚存。"禹凿龙门，这亘古的神话，出现在眼前。峭壁对峙，刀削斧砍，河出其中，形如门阙。站在雄踞两岸的铁桥上，桥下湍急水流，波涛拍岸。此乃黄河咽喉，发生过多少远古的争战，以及近现代历史进程的风云。风从河面吹来，凭吊之情溢然于胸，眼底黄河亦真亦幻，似从远古磅礴而来。"鲤鱼跳龙门"的传说也诞生于此，李太白叹 "一登龙门，则声价十倍"，寓含民间殷殷不变的望子成龙奋发进取的心愿。站在铁桥对望新建的斜拉大桥，无法不感慨时间带来的巨变。

上游轮泛舟黄河，从龙门往北不足五里，便是石门，畅游其间，往返中的逆流顺水，在黄河的怀抱，倍感她的魅力。看吧，石门最窄处38米，龙门宽仅百来米，黄河穿行黄土高原晋陕大峡谷在这里出口，一路千折百回，聚集着泥沙，聚集着

黄河大梯子崖

云雾，聚集着雷电，聚集着日月，蓄势而来，奔涌而来，形成无穷之力、不竭之力，形成黄河咆哮之力，形成母亲河养育之力。古人叹之“龙门三激浪，平地一声雷”，李白诗云“黄河西来决昆仑，咆哮万里触龙门”。激流汹涌，对峙的万仞山峰，悬崖峭壁，是用作装饰的。无数文人墨客留下的诗文，也可当作修辞。唯黄河在咫尺。她刚毅，九曲黄河，破石门而出，奔龙门而去；她丰腴，冲出龙门便张开怀抱宽阔开去，拥抱更为广袤的黄土地。而散漫的流水，致主河道变化摆动，由此而有“三十年河东、三十年河西”的奇观及典故。

大海有底黄河无底，黄汤汤黄河水，如金黄绸缎，这里褶皱堆起，那里波纹迤逦。

黄河永不枯竭的乳汁，养育了中华世代子孙，我们的肤色无一不随她，黄皮肤的肤色是黄河的颜色。

黄河孕育古今神话，黄河本身就是说不尽的神话。从天而来，远上白云！她蜿蜒有致勾勒出的梦想和前景，足够一个民族产生灿烂文化和璀璨文明。靠近黄河，心无法不震撼，血无法不偾张。

上了岸，当然得去不远处的大梯子崖，所谓天下黄河第一挂壁天梯。天梯为

黄河大梯子崖景区的挂壁天梯呈“之”字形挂崖壁而上

运城因“盐运之城”得名

北魏时期军事古栈道，365 级台阶，“之”字形挂崖壁而上，垂直高度超 120 米。我一口气登上去，站在斑驳台阶上，背靠丹崖翠壁，于巨峡日照中，俯看黄河。黄河，当疾则疾，当徐则徐，至刚至柔，一派大河豪情宠辱不惊。何所畏惧，在黄河身旁，我一口气登大梯子崖，分明是黄河吹来的风，鼓起我的衣裙，让我御风而起。黄河给我力量，这种力量是一种生命力。

近一周时间，到了 7 个县（市、区），运城让我完全承受不起。大河大山，自然造化搭建的格局，赋载运城厚重历史和丰饶人文风景。

杏花村里开杏花
儿女正当好年华
男儿不怕千般苦
女儿能绣万种花
人有那志气永不老
你看那白发的婆婆
挺起那腰板也像十七八……

歌声中，我无数次想象过不怕千般苦的男儿、能绣万种花的女子，更着迷那挺起腰板像十七八的婆婆。原来我的想象如此缥缈而空洞，枯竭而毫无对应物。到运城，才深知自己枯竭空洞几近无知太不完美。

运城因“盐运之城”得名，历史悠久，素有“五千年文明看运城”之说，女娲补天、黄帝战蚩尤、舜耕历山、禹凿龙门、嫘祖养蚕、后稷稼穑等古老传说均发生在这里，是中华文明的重要发祥地之一。这里还是蜀汉名将关羽的故乡，涌现出张仪、司马迁（编者注：一说陕西韩城人）、薛仁贵、王勃、柳宗元、司马光等文武俊杰。

所到盐湖区、万荣县、河津市、稷山县、夏县、芮城县、永济市等地，历史遗存之丰富，目不转睛也应接不暇。人文遗产之灿烂，令我目瞪口呆哑口无言。遥想，黄河冲出峡谷叩开华夏文明之门开启了创世纪，而从古至今繁衍生息在这里的人，则披荆斩棘创造了历史。这一方皇天后土啊！

稷山县马趵泉村帐篷露营基地

盐，这白色精灵，点化了运城，使人更有力量，生活更有味道。运城因盐而生，因盐而兴。盐池还美丽地存在着，成为运城福地的钤印和象征。

到万荣，拜后土祠，看李家大院；到稷山看板枣园、马趵泉村；到夏县拜司马温公祠；芮城有永乐宫、广仁王庙；永济有普救寺莺莺塔、蒲津渡遗址、鹳雀楼；最后拜关帝庙关王故里。这一路马不停蹄，拜神敬祖，深受洗礼。

后土祠。女娲抟土造人，黄帝扫地为坛，汉文帝建汾阴庙，汉武帝赋《秋风辞》，唐明皇扩建，宋真宗撰《汾阴二圣配飨之铭》，明万历年间黄河泛滥冲毁汾阴脽而择地搬迁，康熙元年再毁于黄河决堤，现在的后土祠位于万荣县庙前村北的高崖上，为清同治九年荣河（编者注：1954 年，荣河县与万泉县合并为万荣县）知县戴儒珍所迁建……后土祠的前世今生，足见无论帝王祭祀还是民间祭祀，对土地的崇拜，祭拜天地，是中华民族作为农耕民族祈求风调雨顺大地丰收祥和最朴素的精神寄寓。进山门，观并列戏台、拜献殿、正殿，拜《蒲州荣河县创立承天效法厚德广大后土皇地祇庙像图石》碑、轩辕扫地碑、《汾阴二圣配飨之铭》碑、《秋风辞》碑，于旺盛的香火上香，再登临秋风楼，览汾黄二河的交融，此情此景，

李家大院“善”影壁

司马光铜像

天高地远，怦然感悟，敬后土娘娘，敬大地自然，是本心更是智性。

李家大院是另一种智性。善的智性。

从陕西逃荒来到万荣的李氏（编者注：原为相里氏，后改为李氏）家族，初靠缠簸箕扎罗底起家，后置田买地耕耘劳作，兼做小手工艺。再弃农经商，经营布匹、皮货、药材杂货等生意。后发展到开商号票号办工厂，还远渡国外学习产业技术和知识。这是一个农家从贫苦到辉煌的故事。故事简单，但李家传承200多年的善德家风何其不简单。

每逢灾年，放赈、舍饭、施衣，勤俭持家，兴办教育，拖延工期让工人多吃饭多拿钱，捐书助教让贫苦孩子读书，收留难民，修改店规增加掌柜店员股份，为老百姓打井修池塘修公路，所耗银两不计其数。从清末到民国，李家几代人葆有的源远流长的善，大爱无疆的善，其价值远远超越积累的财富价值。古人说“今世尊荣，以财以物；后世尊荣，以德以行”。《周易》言“积善之家，必有余庆”。佛家也有“积德行善，恩泽子孙”因果报应之说，这些至理名言，被李家遵循并践行。

李家大院为竖井式四合院，整个建筑多为二进或三进四合院格局，但又不限于格局，原有院落20组，现存院落11组。每个院各自独立又相互关联，院中套院，屋上有屋，风格以晋南传统民居为主，又吸纳徽式风格甚至日式风格、欧式风格，体量恢宏结构严谨，用材考究装饰精美，体现出主人的阅历见识和涵养情趣。穿行其中，处处都让人沐浴善的惠风。大门为广善门，上有慈善世家匾额。善影壁雕刻 365 个真草隶篆“善”字，寓意日行一善善行一生。为善最乐，持善守性，善乃本，积善余庆，唯善为宝，修德为善，处处可见，俨然一李大善人善宅大院。再观那些精美的木雕砖雕、铁艺彩绘，就像为善陪衬的花边，悦目而赏心。

我不懂风水，李家大院却给我藏风聚气的提示，让光照进屋，把吉留住。李家的光是善，李家的吉是善。

司马温公祠必须去拜。拜司马光的“忠清粹德”，拜“杏花碑”。

司马温公祠坐落在夏县小晁村北峨嵋岭上，是北宋政治家、史学家、文学家司马光及族人的墓地和祠堂，分墓地、祠堂、余庆禅院三部分。园内松柏苍翠，肃穆庄重。祠堂红墙青瓦，具儒家气象。

司马光因编纂《资治通鉴》而名垂青史，死后被追赠温国公封号，为人敬仰。

一部后世不可无之书，“鉴前世之兴衰，考当今之得失”，长达 19 年的修纂过程仅 4 人辅修，参考史料 300 余种， 294 卷贯穿 16 朝 1362 年的历史，全书

稷山板枣成熟了

普救寺

300 多万字。如此漫长的苦行，司马光呕心沥血耗尽身心。他曾写道："臣今筋骨癯瘁，目视昏近，齿牙无几，神识衰耗，旋踵而忘。臣之精力，尽于此书。"成书不到 2 年便积劳而逝。宋哲宗追赠其太师、温国公，以国葬大礼安归故里立碑建祠。

品读司马光相关手迹及画像光明磊落温良谦恭的神情，一派静气，一派清气，一派和气，淡泊而笃定。他在修行，在《资治通鉴》中修行。史鉴清流。

杏花碑原是司马温公墓神道碑。司马光逝世的第二年，宋哲宗钦定大学士苏轼撰文并书丹碑文。苏轼对司马光的人品佩服得五体投地，2300 多字的碑文楷书挥毫而就，宋哲宗亲笔题写碑额"忠清粹德"。时年苏轼 51 岁，其碑文书法被历代书家奉为"神品"。之后神道碑被毁又重立，其中的政治旋涡和故事辗转，令人感叹。现在碑楼前的对联：忠清发越秀峨嵋，粹德辉煌流涑水。横批：圣世山斗。格外引人注目和沉思。

拜谒墓地，行至祠前广场，久久凝望司马光铜像，如醍醐灌顶，豁然开朗，更为坚信，人之为人，立于天地间的人，行事做人，立德修身，何其重要，非常重要。

解州关帝祖庙端门

有必要温习《通鉴》名言：

正己："才者，德之资也；德者，才之帅也。""夫表曲者景必邪，源清者流必洁。""仁者不以盛衰改节，义者不以存亡易心。""能择善者而从之，美自归己。""丈夫一言许人，千金不易。""德胜才，谓之君子；才胜德，谓之小人。"

勤俭："俭约，所以彰其美也。""得才失行，吾所不取。""汝知稼穑之艰难，则常有斯饭矣。"

……

涑水先生，高山仰止。

行文至此，采风文章将告一段落。稷山的板枣园、马趵泉古村，芮城的永乐宫、广仁王庙，永济的普救寺、蒲津渡铁牛、鹳雀楼，还有关帝庙。在此文中恕我点一点说一说。

板枣园枣树一不留神上千年，枣农的花鼓敲得热火朝天；马趵泉村藏在深山，既古旧又添新颜；永乐宫的壁画精美绝伦，把人物统统都画成了仙人；广仁王庙为现存 4 座唐代木结构建筑之一，我想象能在院内中轴线上的戏台上唱唱戏；普救寺的爱情崔莺莺太爱张生，张生也太爱崔莺莺，红娘一句：有情人终成眷属，成全了王实甫，更成全了普天下的爱情；蒲津渡的铁牛太大太重，一头就有好多吨，这边的 4 头打捞起来，河对岸的 4 头暂时还埋在泥土里；鹳雀楼上我有所冒犯在此做检讨，竟敢拿起毛笔写白日依山尽那首诗，那个诗人叫王之涣，塑像立在鹳雀楼上；最后去拜关帝祖庙，那香火，那旺盛香火，万世人极关老爷早就由人变神，变成神中之神、神上之神。我虔诚请了一尊宇达青铜关公铜像，供奉德忠义，供奉关圣……

唱着歌儿到运城，没想到这里太美。大自然，原始而有质感；人文美，教化我于精神。美到我发颤，美到我流泪。深陷在一种美中，深陷于美的极致，激动难以抚平。正好有酒，格瑞特干红、干白、桃红，三款葡萄酒润喉，正好有酒，山西汾酒好酒助兴，我对运城又唱起：人说山西好风光，地肥水美五谷香……

此时太阳高悬，我仰望天空，知道我什么感觉吗？深邃无垠的天空，天空之外的天空，任我想象，任我放飞，我想飞翔。久违了飞翔的欲望，唤回了飞翔的欲望，我要飞翔。

歌声在高山大地回旋，唱着歌来，唱着歌离开，我乘着歌声的翅膀，飞舞起来！

运城，我在天空挥手作别，在飞机舷窗看你。

你这块宝地，黄河抱在臂弯里的宝地。

我心中的风水宝地。

（本文刊发于 2022 年 8 月《华夏》）

任林举，中国作家协会全国委员会委员、中国报告文学学会副会长。著有个人著作20余部，代表性作品《玉米大地》《粮道》《时间的形态》《瑞雪丰年》《此心此念》《出泥淖记》《虎啸》等。作品被翻译成英、俄、韩、蒙等多种文字。曾获第六届鲁迅文学奖、第六届冰心散文奖、第七届老舍散文奖、第二届丰子恺散文奖、首届三毛散文奖、2014年最佳华文散文奖、长白山文艺奖、吉林文学奖等。

过龙门

任林举 ◎

▶ 起自黄河上的这场晨雾，轻易就模糊了时光与流水的界限。

▶ 仿佛有神秘指令的号召，水中的鱼如万箭齐发，纷纷从水中跃起，带着水，裹着雾，拼尽生命里全部能量向前方的石壁或云天撞去。瞬时，龙门之上或一虹飞架或血溅银鳞，一片悲壮。

▶ 如此这般，竟有一点说不清，这一跃成龙的理想，究竟是鱼儿都有的向往，还是人类都有的夙愿。

▶ 平阔中蕴藏着险峻、深远，险峻中又包含着平和、柔媚，互为引申，相映成趣，深深地吸引着人们的目光，触动人们的思绪。

▶ 凡事皆有限度，即便是一条成功跃过龙门的鱼，游至石门大约也已经完成了由鱼而龙的幻化，自然没有继续前行的必要了。更何况凡夫俗子如我们，人生的下一程，需要拿出更多的时间和力气向更难、更高处攀登。

▶ 再一次回望这古老的河流，只见河水卷着浓重的泥沙，正汹涌澎湃、不知疲倦地向远方奔流。逆光中，仿佛一河金色的油彩，在两岸青山之间纵情地挥洒勾勒，描绘一个酝酿了五千年的梦想和蓝图。

起自黄河上的这场晨雾，轻易就模糊了时光与流水的界限。龙门在望，却不知如何才能真正抵达或跨越。此时，只有流水的声音是清晰的，只有鱼在水下叫嚷和尾鳍拍击水面的声音是清晰的。

这样的气象，很容易让人的视野和意识陷入混乱，恍惚时甚至无法辨明天空与大地、水流与礁石、河道与岩岸、人与鱼所在的确切位置。船工或渔民只能在岸边徘徊或聚在船上说话，而声音却如同从水中传出。我听到其中一个声音说，黄河里的鱼都有灵性，实在是难捕啊！随便哪一条都是“肚腹三两金、脊背二两银”，只要它们在水里瞄一眼，就能看出岸上或船上的人是好人还是坏人。

然而，既然是鱼，就难以摆脱鱼的命运。人们看见的或想象的，鱼在水里自由自在地游，就如同人在马路或广场上自由走动，状若无忧无虑，实际上都要面对各种生存危机和压力。大鱼吃小鱼，小鱼吃虾米，同类间无论如何和谐共处，也还要进行生存竞争。更可怕的还是天敌和人类的捕杀，一旦被天敌盯上，误食诱饵或误入网罗，多半会大难临头，一条鱼就不再是鱼，而是案板上或锅灶里的肉、被吃的一盘“菜”。隐在雾里的人又说，当罗网落下或洪水来临，你就会听到鱼或恐惧或痛苦的叫喊，我很怀疑，也很相信。

毕竟是孕育了几千年中华文明的古老黄河，毕竟是黄河水养大的鱼，怎样的兴衰荣辱和生死悲欢没有经历过，怎样不可思议的奇迹不能在它们身上发生？至

龙门

少，从始至终它们都没有放弃过改变命运的努力，似乎也真找到了改变命运的传奇方式。

改变自己命运的故事从来没有停止过流传和演绎。相传，禹辟伊阙以后，水流湍急，游息于孟津黄河中的鲤鱼，循洛伊之水逆行而上，至伊阙龙门时，波浪滔天，纷纷跳跃，意欲翻过。跳过者为龙，跳不过者退而复为鲤鱼，且额头上便留下一道黑疤。至宋代，又有《埤雅·释鱼》记："俗说鱼跃龙门，过而为龙，唯鲤或然。"直至清代，仍有人在为这个传说添枝加叶。清李元《蠕范·物体》："鲤……黄者每岁季春逆流登龙门山，天火自后烧其尾，则化为龙。"

我明明知道这些不过是现实之外的传说，但面对雾里龙门之时，头脑中还是不由自主地呈现出一幅鱼跃龙门的生动图画。千万条鱼，齐聚关前，争先恐后地游动，搅起了河底的泥沙，搅起了河面的涡旋，使河水看起来如糖浆般浓稠、凝滞。突然，仿佛有神秘指令的号召，水中的鱼如万箭齐发，纷纷从水中跃起，带着水，

裹着雾，拼尽生命里全部能量向前方的石壁或云天撞去。瞬时，龙门之上或一虹飞架或血溅银鳞，一片悲壮。

李白也曾有诗《赠崔侍郎》说到鱼跃龙门：“黄河二尺鲤，本在孟津居。点额不成龙，归来伴凡鱼。”一旦飞跃成功，一条只能潜游在水里的鱼，就会成为腾云驾雾、呼风唤雨的龙，从此彻底摆脱屈辱的历史、压抑的现实，就不用“归来伴凡鱼”了，也不会再受“凡鱼”所必然承受之惊、之恐、之苦、之痛。如此这般，竟有一点说不清，这一跃成龙的理想，究竟是鱼儿都有的向往，还是人类都有的夙愿？

晓雾渐开，龙门终于显露出它本来的面貌。数千里黄河从上游浩浩荡荡奔来，过石门后河道突然收窄，巨大的流量和落差集中于几十米宽的河道里，自然蓄积了巨大的能量和冲击力。不知是因为高速水流的切割还是这古老的河流天然的威严令万物望而却步，竟然吕梁山遇到了黄河都不再前行，只在岸边留下一段陡峭的岩壁。

黄河过龙门口之后河道突然扩张、变宽，河流积蓄的势能，瞬间转换成不可抵挡的动能，河水如万马奔腾，大有一泻千里之势。不需要地势上有多大的落差，仅凭着湍急的流水，就已经构成鱼儿向上游进发的屏障或抽象的“高度”。面对这样猛烈的冲击，对人类而言，也堪称艰难险阻。

据说，在那些没有马达助推的年代，旧日的渔船或货船逆水上行至龙门口时，船两侧各需要四五个纤夫，赤脚光背拖着长长的纤索，沿河边的羊肠小道弓身前行，才可以拖着船缓缓移动。至石门峭壁之下，纤夫们再无立足之地，需要纷纷登船，手抓竹竿，用铁钩钩住崖上的铁环，双脚蹬住船舱隔板，口喊号子，弯腰弓背，次第交错，一尺一寸地将船“挪”向上游。

因为河道大开迅速消耗了河水的能量，龙门以下的河水流速也渐渐舒缓，河面变得安静、平展，如突然打开的一把扇子，如汪洋恣肆的大湖，不但滋养了流域内的亿万亩良田，也滋养了深远的黄河文明。因为地灵，所以人杰。仅处于河口的河津一地，就有司马迁、王勃、薛仁贵等人文巨擘，再向下游，放眼整个运城，更有张仪、关云长、王之涣、王维、柳宗元、司马光等文武星宿，更久远的还有女娲补天、黄帝战蚩尤、舜耕历山、禹凿龙门、嫘祖养蚕、后稷稼穑等文明肇始的传说。如此众多令人仰望的高原和高峰，足以佐证这一地区正是中华五千年文

船过龙门，逆水直奔上游的石门

明的上游、历史的上游的又一个“龙门”。如此说来，龙门，不仅仅是河津的龙门，更是运城的龙门、山西的龙门、中华民族的龙门。

雾散之后，接下来便是云开见日，阳光从白云的缝隙中柔和地洒下来，仿佛从天上倾泻而下的蓝色透明的水，与两岸的青山、红色的石崖、赭黄色的河水以及我们正在移动的白色的船体构成了一曲色彩的交响。这时，龙门左侧的梯子崖传来阵阵欢呼，原来是一群精神抖擞、充满朝气的年轻人，大概是一些刚刚参加完高考的学生。据随队的导行人员介绍，每年高考之后这里都会有大量来自全国各地的学子“过龙门、登天梯”。有的人是为了讨一个吉祥如意的好彩头，以便顺利通过高考，上一个名牌或重点大学，以取“龙门得跃，飞黄腾达”之意。但我认为，更多学子的黄河之游一定不是局限于世俗之念，而是另有更高的境界。当人生之路告一段落，借两场跋涉之间的短暂间隙饱览一下祖国的大好河山，通过畅游这条孕育了中华文明的母亲河，身心合一，跃一次龙门，登一次天梯，感悟梦想和追求实现过程中的艰难，体会龙门传说的真正内涵，进而汲取更加深厚的精神动力，带着某种更加远大的抱负，走向人生的另一段旅程。

龙门胜景

船过龙门，逆水直奔上游的石门。从石门继续上行，便进入陕西地界。《墨子·兼爱》记载："古者禹治天下……凿为龙门，以利燕代胡貉与西河之民。"我没有考证过"西河"的确切所指，将其理解为比山西、陕西和整个黄河流域更加广大、深远之虚指，那当是中华古国五千年的故土、文化、传统和历史。

没想到，这一段黄河两岸的风光，竟是那样的美妙、奇崛。嶙峋的山石与厚重的黄土、远处的平坝与近处的悬崖、仿佛凝滞的河水与快速闪过的河岸……平阔中蕴藏着险峻、深远，险峻中又包含着平和、柔媚，互为引申，相映成趣，深深地吸引着人们的目光，触动人们的思绪。然而，尽管流连忘返，船至石门仍然要返身折回。凡事皆有限度，即便是一条成功跃过龙门的鱼，游至石门大约也已经完成了由鱼而龙的幻化，自然没有继续前行的必要了。更何况凡夫俗子如我们，人生的下一程，需要拿出更多的时间和力气向更难、更高处攀登。

可能因为回程顺水的关系，轮船的马达也不像逆水时那样喧嚣，安静了很多，行船也轻盈了很多。本来笨重的钢铁巨物，竟悠悠然有如"轻舟"。船过处，仍可见河面上一处接一处的涡旋，似有很多巨物在水中游弋、翻腾，莫非水底潜藏

鲤鱼跃龙门

的正是鲤鱼所化之龙吗?

船终究还是停了下来。即将上岸之际，我再一次回望这古老的河流，只见河水卷着浓重的泥沙，正汹涌澎湃、不知疲倦地向远方奔流。逆光中，仿佛一河金色的油彩，在两岸青山之间纵情地挥洒勾勒，描绘一个酝酿了五千年的梦想和蓝图。

（本文刊发于 2022 年 8 月 8 日《文艺报》第 3 版）

鲁顺民，山西河曲人。山西省作家协会党组成员、副主席，《山西文学》主编，中国作家协会会员，一级作家，茅盾文学奖评委，山西省报告文学专业委员会主任。1986年开始发表作品。有《380毫米降水线——世纪之交中国北方的农村和农民》《山西古渡口——黄河的另一种陈述》《送84位烈士回家》《天下农人》《礼失求诸野》《潘家铮传》《朱伯芳院士传》《赵家洼的消失与重生》《掷地有声——脱贫攻坚山西故事》《掷地有声——脱贫攻坚山西第一书记故事》《王家岭的诉说》（合著）等著作。作品获中宣部五个一工程奖、冰心散文奖、赵树理文学奖、辽宁省和山西省五个一工程奖等多种奖项。入选山西省宣传文化系统首批“五个一批人才”“三晋英才”“山西省宣传文化系统名人工作室领衔人物”。

稼穑河东

鲁顺民 ◎

▶ 左手太行，右手吕梁，汾河水哗啦啦贯流其间，山川形胜已经足够让人屏声静气，更不用说脚下的无名小路，都可能跑过汉武帝、唐太宗的车辙，踢起一块碎砖，都可能雕有盛唐飞天某一瞬间的身段，寻常巷陌，说不定就与哪一个成语典故不期而遇，所以需要格外小心，甚至警惕。

▶ 这一次结伴而行的，都是来自全国各地的作家朋友，他们的知识储备，再加上首次进入的陌生感，随便拿出一个典故当钥匙，去叩击任何一座满布苔痕的老墙，说不定一扇历史大门会訇然打开，回响深沉。

▶ 山西一省，表里山河。表也是山，里也是山，表有河，里也有河，如一柄桑叶的山西版图被大自然雕刻得气象万千。

▶ 你不能不说，这个旱作农业传统，实际上是开放的，包容的，它的生命力是如此强大，它兼容并包的气度又如此让人感慨，上万年的旱作农业传统，是怎样将一个民族支撑到今天，也不难想象。

▶ 朋友说，照你这么一说，古河东的文明，是种出来的吗？
我言道：可不是！就是种出来的。

挑了个盛夏日子，跟朋友们前往运城。在运城几天，居然天天有雨，难得凉爽。私下里偷笑，但不敢声张，生怕惊动了老天爷露出大太阳，将河东地面的燠暑酷热再复习一遍。也不全是因为天气原因，每一次来运城，都不大敢言传。车由太原越过韩信岭，经过临汾，经过襄汾，经过新绛，左手太行，右手吕梁，汾河水哗啦啦贯流其间，山川形胜已经足够让人屏声静气，更不用说脚下的无名小路，

都可能跑过汉武帝、唐太宗的车辙，踢起一块碎砖，都可能雕有盛唐飞天某一瞬间的身段，寻常巷陌，说不定就与哪一个成语典故不期而遇，所以需要格外小心，甚至警惕。

运城朋友热情，运城作协主席李云峰，进门笑眯眯，出门眯眯笑，见面就问："回来啦？！"仿佛迎接回乡探亲的兄弟。事实上，每一次去运城，莫不怀着探访故友的心情，重温那些旧迹。尽管是重温，也不敢轻易放胆发言。何况，这一次结伴而行的，都是来自全国各地的作家朋友。他们的知识储备，再加上首次进入的陌生感，随便拿出一个典故当钥匙，去叩击任何一座满布苔痕的老墙，说不定一扇历史大门会訇然打开，回响深沉。

一路结伴，并不轻松。

但最终还是轻松下来。轻松下来，并不是遍及古河东大地上那些举世闻名的地面遗存，而是这些著名文物边上的现代农业景观。旱作小麦麦苗青青，设施农业蔬菜大棚在塬面和滩涂随处可见，优质运城苹果早已名声在外，酥梨、江石榴、葡萄、油桃、山楂，特色水果花色不同，桃花谢罢梨花开，千年枣园边上是欧陆风情的葡萄酒庄，葳蕤、茂盛、生机盎然，琳琅满目，应接不暇，让人兴奋的，也是让人感慨的。

于是，不止一位朋友发现，教科书式印象里的河东平原，居然不平，山川相连，山是大山，川乃大川。何止不平，这样一方富庶之地，居然深处黄土高原腹地。闻名天下的"山西粮仓"真的在这里吗？

其实，也正因为古河东并不像华北平原、江汉平原那样不是一望无际一马平川，才更像是河东平原，否则，包括让人流连忘返的那些名胜古迹也应该是另外一个样子。甚至，华夏文明也可能是另外一个样子。山西一省，表里山河。表也是山，里也是山，表有河，里也有河，如一柄桑叶的山西版图被大自然雕刻得气象万千。这种地貌特征在河东大地体现得更是淋漓尽致，更兼"南风之薰兮，可以解吾民之愠兮。南风之时兮，可以阜吾民之财兮"，运城盬盐向为国家重要财税来源，古河东的历史地位更加突出。

大致上讲，古河东为三山夹两川。吕梁山与黄河结伴而行，在河津市禹门口依依惜别，然后在古河东北部停住脚步，万山丛列，静静伫立在一片青黛的雾霭中，

大美运城

俯瞰汾河水由北而来，顺着山脚奔向黄河。南边，则是巍巍中条山。中条山东接太岳、太行，由东北向西南横亘而下。中条山、崤山、华山三山合谋，硬生生将南流的黄河东折转向。过风陵渡，过三门峡，再过小浪底，前面就是泱泱中原大地。中条山北侧，又涌出另外一条河流，这就是涑水河。

汾河和涑水河的分水岭，叫峨嵋岭。这道峨嵋岭，便是三山中的第三座山。许多人并不清楚这道黄土大岭，也不奇怪。它隔汾河与吕梁山眺望，却不及吕梁山那么高，简直就是不起眼的土台子。越涑水河，远远望见中条山青黛山峦，却没有中条嵯峨连绵，由东北而西南，长度也就百里出头。在运城老百姓嘴里，却更加庸常，干脆就叫坡上。跟老百姓套近乎，就问："坡上的还是坡下的？"老百姓一听就知道眼前这个家伙是知道自家底细的，愿意跟你拉话。坡上坡下，说的就是这道峨嵋岭。地理学命名，则将这道黄土大岭称为晋西南峨嵋台地。峨嵋岭不显山不露水，但这是条了不起的黄土大岭。它的主峰有意思，叫孤峰山，老百姓叫它孤山。说它孤，也真是孤，孤零零数座山峰矗立，周边则黄土漫漫，沟壑纵横。据当地老百姓讲，上古女娲补天，剩下一块石头没地方放，随意丢在这里，所以孤零零无牵无连，无依无托。如果航拍，孤山之孤会看得更加清楚。兀

优质运城苹果名声在外

然高耸的孤峰山，像一株亿万斯年石化的参天大树，周边的沟沟壑壑，阡陌村郭，如同大树四下延伸的根系，茁壮而茂盛。

三山夹两川，北吕梁，南中条，峨嵋岭界分汾河与涑水。两川，则为峨嵋岭北侧的汾河谷地和南侧的涑水冲积平原，亦名运城盆地。有意思的是，今天扑入视野的现代农业景观恰恰以峨嵋岭为中心，向南北两侧辐射开来。峨嵋岭上，本来就是上古农业最发达的地区。峨嵋岭纵贯运城市版图，向西直抵黄河岸头。在万荣县庙前村，俯瞰汾水汇入大河，土崖高处，就是汉武帝吟诵《秋风辞》的后土祠。而峨嵋岭另一头，则有两处稷王庙，都是国家重点文物保护单位。稷王庙里供后稷，后稷教民稼穑所在，正是在峨嵋岭的黄土大塬上。

现代农业景观让人目不暇接，眼花缭乱。你会发现，目不暇接和眼花缭乱的背后，现代农业依然沿着上古农业的路子在铺排。尽管现代化进程加快，城市化步伐加快，农业景观呈现出与过去完全不同的面目，但我宁可将之理解为传统农耕历史在新历史条件下的演绎。

四大文明古国中，当其他三大文明开始衰落的时候，华夏文明却在干旱的黄土高原生机勃勃。其他三大文明的初始农业，都是利用河流泛滥形成肥沃的土壤而生，其发展的基础是灌溉农业，唯独华夏农业是旱作农业。

峨嵋岭两侧，尧都平阳，舜都蒲坂，禹都安邑，旧石器和新石器遗址堆积，乃华夏农耕文明重要发祥地之一，也是促成华夏文明由发轫到成熟的重要地理单元。我们常说，黄河是华夏民族的母亲河，这个说法对不对？对，也不对。考古发掘信息一再证明，从仰韶时代诞生的华夏农业文明，恰恰与这条大河的关系并不太大。黄河主流岸边，鲜有上古文明遗迹存在，古文明遗迹几乎都深处黄河支流，甚至支流的支流上。为什么紧挨着这条大河，却没有诞生灌溉农业？这是因为，黄河泛滥有两季，一为春天的桃花汛，一为秋天的洪水季，所谓“秋水时至，百川灌河”。古河东地区黄河泛滥的时候，也可以形成相当面积的冲积土地，但两季泛滥，一季正当播种，一季正当收获，节奏上并不合拍。大河支流和支流的支流流域，常常处于黄河的二级或者三级台地，方便日用汲水，又没有洪水侵袭之虞，上古农业文明常常在这些小河小水边大放异彩。黄河支流渭水、汾水、涑水、泾水、湟水，甚至更小的支流恰恰满足这些条件。

再说气候禀赋。黄土高原的气候特点，就是干旱，蒸发量大于降水量。所幸，

苹果机械化分拣包装后发往全国各地

夏县格瑞特酒庄及周围大片葡萄园

年降水量恰好满足农耕发展之需，而且降水常常集中于夏季，先人们只能小心翼翼地利用随四季旋律分布的降水节奏，徐徐展开文明画卷。

说起来特别有意思，直到清代中期，将近万年立农的历史，运城地区和其他北方重要的传统产粮区，粮食种植，仍然是上古时期经历千辛万苦选育出来的品种。这些品种繁多，但在较长的一个历史时期内，黍、粟、稷几个有较高水分利用率的耐旱品种一直是主要粮食作物。这些粮食品种常常在山西不同地区，与上古传说相对应。神农尝百草、炎帝育五谷、舜帝耕历山、后稷授稼穑、嫘祖教桑蚕，描绘出的是一幅上古旱作农业图景。在这个过程中，它还不断改良、驯化、繁衍外来品种，使之适应旱作农业耕作，最终成为耐旱粮食作物。比如，现在已经成为主粮的小麦。小麦生产，本源自两河文明和古埃及文明的灌溉农业，很早就传入，所以，原生食粮品种，都带“禾”旁，而独有麦，则由“来”旁构成，表明其为外来植物。《诗经》里计有 5 处提到麦子，那个时候，麦子是配角的配角，到汉代，这种灌溉粮食作物被一再改良驯化，适应黄土高原旱作农业气候，逐渐成为主粮，以至于原生的黍、稷、粟退居其次变成小杂粮。

旱作，被学者称为华夏农耕文明“生物学特质”，娘生胎带，先天如此。直到今天，峨嵋岭上旱作小麦、有机蔬菜、优质果品，还有食用菌大棚，仍然没有脱开旱作这一先天特质。从20世纪50年代开始，沿黄河各县修筑了许多大型电灌站，在山西省水利史上占重要篇章的，就有禹门口水电站、夹马口电灌站、大禹渡电灌站，大功率，高扬程，动力汲水，沿河各县受惠多多，灌溉面积大幅增加。现代手段的这种改变大不大，肯定很大，但也肯定有限，传统旱作农业方式仍然是主体。运城如此，山西全省也莫不如此。

你不能不说，这个旱作农业传统，实际上是开放的、包容的，它的生命力是如此强大，它兼容并包的气度又如此让人感慨，上万年的旱作农业传统，是怎样将一个民族支撑到今天，也不难想象。

运城地区地上文物富集，有102处国保单位，几乎都是元代之前的地上遗存，其数量居全国市一级地域之首。莫非在漫长的历史进程中，西安、南京、洛阳、开封，甚至北京，这些数朝古都莫非就不兴土木或建筑就少吗？显然不是这样。秘密仍然是黄土高原的气候，没有干旱的气候，再多的地上文物也难保存下来。

这样，你的目光自然会再次聚集到纵贯古河东的峨嵋岭上。峨嵋岭，古称晋原，亦称太原，黄土厚积，有大塬可供耕作，界分汾涑，有水可供汲用，旱作农业在这道百里大岭上长袖善舞，或者说，这道大岭天然地为旱作农业提供了广阔的施

芮城中条山下的大红袍花椒

展舞台。显然，这道大岭不仅仅是原始农业诞生、发轫的重要区域，其重要性在其后漫长的岁月里，显示出其在文化上的重要地位。万荣县、稷山县稷王庙，一再重修，壁画描绘后稷教民稼穑的故事，旱作农业从烧荒到耕耘，从播种到管理，再到收获，还有抗旱、抗雹、消灭病虫害诸般，被一代一代画工精心描绘和强调。有此种强调，传统旱作农业在运城对于一个民族的历史进程发挥的作用就不言而喻了。

朋友说，照你这么一说，古河东的文明，是种出来的吗？

我言道：可不是！就是种出来的。

（本文刊发于2022年第11期《湖南文学》，2023年第2期《散文选刊》转发）

风陵渡

鲁顺民 ◎

“红叶晚萧萧，长亭酒一瓢。残云归太华，疏雨过中条。树色随山迥，河声入海遥。帝乡明日到，犹自梦渔樵。”

唐代诗人许浑的这首诗，写于潼关，就在风陵渡对岸。太华、中条、河声、帝乡，风陵渡的山河形胜被大致勾勒出来了。

风陵渡，三省要冲，三河来汇，重关要津，千古名渡。南接中原，与河南相望，西锁关中，与秦省为邻。又天然是华北、西北、华中三大区的交界之处。

长期以来，风陵渡既是河运码头，承担沟通秦晋豫三省交通的功能，也是重要关隘，又称风陵关、风陵津。

这座与黄帝传说一样古老的老渡口，见过太多的衰与荣，见过太多的起与落，见过太多的战与和，黄河水一副见惯不惊的模样，轻轻拍打着堤岸，完完整整流过来，又完完整整流过去。

黄、洛、渭三河交汇处

山川造化

黄河由内蒙古托克托县河口镇进入中游，东流的河水掉头南下进入晋陕峡谷。传统地理划分将托克托县河口镇到风陵渡由北而南的河段称为“黄河北干流”，风陵渡处于黄河由北而南行进的最南端，南流的黄河水在此最后回首北望，然后东折进入晋豫峡谷，过三门峡，冲出小浪底，就是广阔无垠的中原大地。

山西这边，吕梁山在内蒙古将东流河水相牵南向，出龙门向南行进 168 公里，山西南部一座大山由东北向西南伸过来，这就是中条山。中条山东北接太行、太岳山，在风陵渡停下脚步。陕西那边，秦岭山系由西向东而来，与中条山在河边打了个招呼擦身而过，继续向东边延伸一段距离。两山相会，把黄河向南的路途阻断，只能折头而东，进入苍苍莽莽的晋豫峡谷。

但是，两山相会，还不足以成就风陵渡。为什么呢?

黄河北干流行至龙门，河床由 400 米骤然扩大到几公里或十几公里宽，流经山西一侧河津、万荣、临猗、永济、芮城 5 县，为古河东盆地的腹心所在。河床

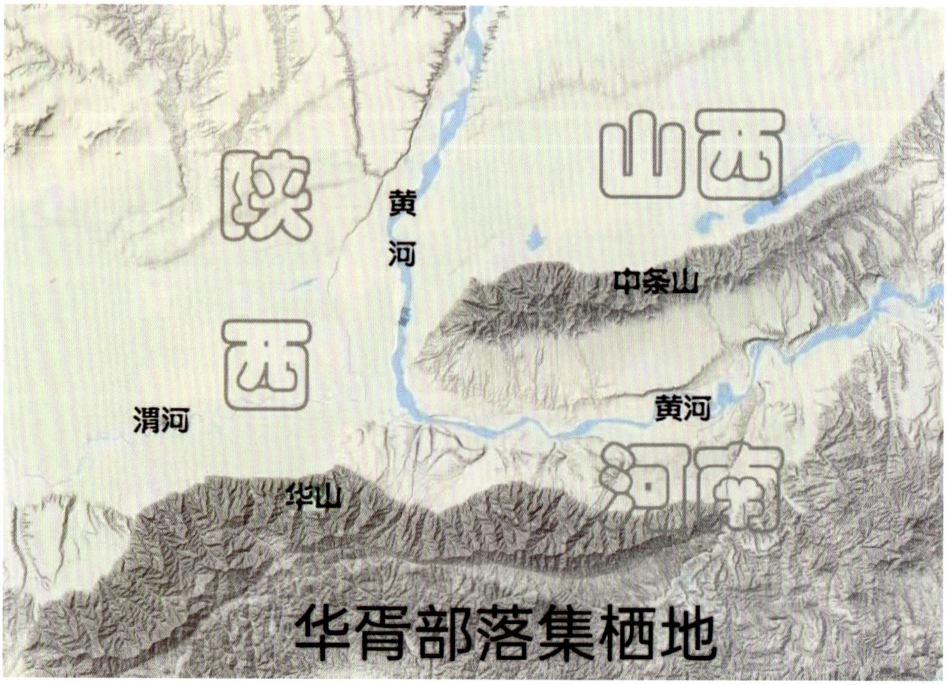

华胥部落集栖地

骤宽，主河流摇摆不定，遂有“三十年河东，三十年河西”的河流奇观。

由龙门到风陵渡、潼关之间的黄河，全长132.5千米，被称为“黄河小北干流”。黄河入此，落差相对较小，适合做渡口的地方颇多，自龙门而下，山西一侧有禹门渡、葫芦滩渡、汾阴渡、西头渡、南赵渡、安昌渡、蒲津渡、潘西渡、元上渡、杨范渡、吴王渡、浪店渡、夹马口渡、黄龙渡、薛家崖渡、双店渡、首阳渡等，最后是风陵渡。其实落差也小不到哪里，否则也不会有“三十年河东，三十年河西”带来的诸多福祉和数不清的水患。

这些大大小小的渡口和码头，基本上还是遵循着黄河渡口形成的一个重要地理原则，即大部分渡口，都处于一级支流与黄河汇合的地方。

黄河进入中游，上下游之间的落差达800多米，主河道大水汹涌，激流浩荡，甚至还有落差达28米的壶口瀑布，黄河中游河段航运不得不分成若干段落连续相接。幸好，中游两岸有大大小小70多条一级支流汇入，支流夹带的泥沙和巨石将河床抬高，所以在一级支流与主河道汇合的地方，都有一道大“碛”斜插主河道，几乎与主河道垂直相交，这样河床被壅高抬升，激流会暂时放缓脚步，水情相对平稳，适于设港驻船。

黄河小北干流段，一级支流从数量上考量，比龙门以上的北干流要少得多。少是少，不意味着不大。黄河两大重要支流，一条汾河，一条渭河，都在小北干流与黄河汇合。比起黄河，汾、渭算是小水，但汾育晋省，渭养关中，春秋、战国、两汉，秦晋几千年的荣衰与两条河有扯不清的瓜葛，无论水流量还是承载的历史，哪能不算是大河！小北干流段，除汾河、渭河之外，还有北洛河、㵲水、涑水几条河流来汇，每条河流的汇入处，都有大的渡口。

风陵渡地处黄河东折拐角。小北干流行进100多公里，河床都是几公里或十几公里宽，到了东折拐角，左岸的风陵渡与右岸的古潼关像商量好似的，河道突然收束，再收束。黄河已经收纳了汾河、㵲水、涑水，身躯庞大，河道收束，黄河固有的脾气难免见长，主河道复又激流滚滚，浪涛汹涌。饶是你潼关扼关中望中原，饶是你风陵渡锁钥三省，似乎绝无泊舟驻船的可能。

但风陵渡偏偏不急不缓，一派温婉。小北干流的叙述到了结尾，最后达到高潮。此时，风陵渡下游对岸潼关南原，渭河行进千里浩浩荡荡而来。渭河进入关中，已经收纳了包括泾河在内的大小十数条支流，进入潼关后，再牵手北洛河一起奔

风陵渡黄河大桥

向黄河母水，是所谓“三河相会”。渭河，这条黄河最大的支流，每年要给黄河贡献5.8亿吨泥沙，风陵渡河道因此被壅高抬起，落差减少，水情平稳，正好设渡。

但在河东，比风陵渡经济和战略地位重要的渡口有的是，比如风陵渡上游20多千米处的蒲津渡，这里出土的唐代大铁牛，宣示着这座著名渡口曾经的辉煌，地当东都，扼守西京，蒲津为要。但是，它很快衰落。除了历史的原因之外，更重要的还是地理的原因。从明代开始，黄河游荡不定，摆动幅度越来越大，逼近蒲州城，涤荡朝邑县，河谷越来越宽，沙洲越来越多，蒲津桥不时被冲毁，蒲津渡虽努力维护着天下第一要津的地位，实际摆渡功能却不断下降。

此种情况下，在汉魏之际尚被称为河北小渡的风陵渡，无论是战略地位，还是沟通秦晋的功能地位，不断增强，就是因为其河岸相对固定，当得起“千年永固”了。

风陵渡地位增强的另外一个原因，还有对岸的潼关。潼关对于关中地区的重

要性自不待言，设渡关防当是应有之意。但几千年来，却从未以渡口功能显示它的重要性。汉代初建潼关城，因为黄河紧逼南岸，只能建在秦岭山脚的高垣之上，后来才一步一步挪到河滩上。但渡口和码头却一直设在风陵渡。风陵渡河岸稳定，河滩上的潼关城却提心吊胆。上世纪 50 年代初，风陵渡河岸凤凰咀崩塌，大体积土石瞬间壅塞河道，黄河水直接涌入潼关城。民间有谚：凤凰咀崩塌啦，潼关街上拾鱼呀！

故而潼关虽然是渡口，却并没有形成太大的码头。渡口和码头可合二为一，实际是两回事。

山川地理如此巧妙安排，就有了这座与华夏民族同样古老的历史名渡。

老渡沧桑

风陵渡古老，有多古老？

风陵，指的是风的墓封。传说，风，亦称风后，乃上古时期黄帝的丞相。关于风后这个人，《淮南子》《史记》均有记载，各种传说，历代演义，已经是神仙一级人物。演义神话，大抵简略。当年，黄帝与蚩尤作战，蚩尤是战神一级人物，结果黄帝三战三败，最后，蚩尤作法兴雾，黄帝大军陷于一片黄雾之中进退失据。这时候，大臣风后发明指南车，帮助黄帝大军辨明方向，遂大胜蚩尤。风后死，黄帝嘉其功，筑封陵以葬，是谓风陵。风陵渡也由此得名。

作家韩振远整理乡邦文献不遗余力，他跟我讲，综合史籍记载，黄帝部落与蚩尤部落之间的战争，叫做“涿鹿之战”。涿鹿，即今运城市盐池边上。运城盐池，在上古、近古中国，是关乎国族生存与命运所在，一直到宋、金时期，盐池仍是敌对双方的战略争夺目标。上古部族发生这样的战争并不奇怪。盐池起雾是常态，并非哪个作法。指南车发明，显得至关重要。

2004 年头回探访风陵渡，企图寻找风陵所在，但古风陵在漫长的岁月中几经毁废、重修，具体位置居然成了问题。也是韩振远有心，当年结伴探讨未果，后又数度前往，终于落实，风陵的准确位置在距离风陵渡铁路大桥不足一箭之遥的西王村。风陵矗立于黄河岸边，仰视穹庐，俯瞰雪浪，对岸的潼关古关仿佛触手可及。

探得风陵的准确位置还在其次，脚下这个西王村，怕只比风陵的传说更古老。1960 年春，中国科学院考古研究所山西工作队的专家来到西王村，在村南的台地上，经过 73 天发掘，出土大量新石器时代陶器。经过多次考古论证，专家们将西王村遗址定为仰韶文化西王村类型，时间在 5600 年至 5000 年前。这是个比西安半坡遗址更早的文化类型，却与半坡文化有着许多相同之处。专家们断定，早在 5000 多年前，大河北岸的西王村人，就与南岸的半坡人有了交往，在当时的大河之上，两地族人驾着独木舟或其他渡河工具，开始摆渡往来。

也就是说，西王村的历史，要比风后的传说更远。也就是说，风陵渡的历史更早于风陵。

公元前 615 年冬天，秦康公自统大军，从风陵渡过黄河，进攻晋国。晋国上卿赵盾率军迎敌。两军皆深沟高垒，依河而战。大战开始前，黄河岸边北风猎猎，涛声轰鸣，秦康公手持玉璧，匍匐跪拜，向大河祈祷，请求河神保佑。大战的结果是两败俱伤。此战史称秦晋河曲之战。

东汉末年，曹操也曾与马超大战风陵渡，同样是两败俱伤。

风陵渡没打过漂亮仗，两败俱伤居多。倒是风陵渡头的航运让人充满缅想。

春秋，晋惠公当位，晋国遭遇大旱，向秦穆公借粮。秦穆公征发秦粟万斛之巨，泛舟出渭河，经风陵渡，再沿汾河溯流而上直抵晋国首都，史称“秦粟输晋，泛舟之役”。

汉定都长安，风陵渡与潼关相望，为京城门户。西汉初年，全国尚未一统，汉高祖刘邦便迫不及待地在潼关、风陵渡设立管理机构，名为船司空衙门，专门管理潼关与风陵渡之间的航运。风陵渡从此正式成为官渡，纳入朝廷管理序列。

西魏大统三年（537），东魏大将窦泰率军进攻西魏，“济自风陵渡，顿军潼关”。

唐代，蒲津渡虽近在咫尺，唐王朝对风陵渡仍十分重视，唐圣历元年（698），武则天在风陵渡南置关，称风陵关，又称风陵津。

唐代之后，风陵渡的要津地位一天天增强，漕运异常繁忙，过往船只连绵不断。

明洪武八年（1375），设置风陵渡巡检司船政，隶属潼关卫，统管两岸渡口，

风陵渡旧貌

风陵渡古镇

稽查往来商贾，征收税金。

至清代，风陵渡有“官船十一只，水夫八十四人”（《续潼关县志》）。乾隆年间，风陵古渡达到鼎盛。《同州府志》载：“每逢晴日，大小舟船往来于河上，有客船、货船、游舟，星罗棋布，飘忽无定，煞是繁华壮观。”

同黄河其他重要渡口码头一样，沟通两岸的同时，其经济辐射半径亦随之扩大，风陵渡繁盛一时，商贾往来，店铺林立，已经是一座集仓储、物流、物资集散交易和服务业于一体的码头商港。民国初年，渡口经营获得甚丰，河南、山西船帮争夺经营权，直到惊动山西省建设厅出面方得以解决。

1949 年 5 月，太岳军区设立风陵渡河防司令部第一军渡，调集木船 102 艘，集中船员 1500 余人，从 6 月 7 日至 6 月 24 日，把第一野战军十八、十九兵团 40 万大军和武器弹药、辎重运过黄河。接着，又把华北教导团，华北炮校教导团，南下工作团第一、二、三、四梯队运送过河。

接着，渡口繁忙了两年多时间，山西商人拖家带口，陆陆续续从西安回来，行李家当每天拥挤在渡口上，各种各样奇形怪状的物件像开了万国博览会一样。

中华人民共和国成立后，渡口有盛有衰，由木船而钢船，由机船而轮渡，变化在不经意之间。

风陵渡古镇

1995 年，黄河公路大桥横架南北，这座千年老渡口的繁盛从此换了面目。

2004 年，风陵渡下游与河南省三门峡市隔河相望的茅津渡，从运（运城）三（三门峡）高速公路大桥开通运营那天起，几乎在一夜之间沉寂下来。茅津渡停航停渡，标志着黄河中游 5000 多年的航运史正式告一段落。

烟火人间

2004 年到风陵渡，正是春天。在风陵渡边上的赵村访到一位当年的船工。老船工叫赵兴元，已经是 84 岁的老人了。赵兴元 60 岁退休，在船上滚打了 30 年整。

老人讲，赵村全村过去有 3000 多口人，大都有扳船摆渡的经历。依河而生，傍河而长，靠山吃山，靠水吃水，水里谋生，船上日月。扳船摆渡，既是活路，也是生意，禹门口接下来从吕梁山掘出的“船炭”，再从潼关迎接渭河扎筏放流而来的“西河松”，再贩运城盐池的盐到河南渑池、三门峡。

老人讲，过去讲“官船十一只，水夫八十四人”，还不包括货船、客船、游船，几项合起来，最繁盛的时候，上百条不止。最大的船上立起三根桅杆，装载三四十吨货物，最小的，当然是打鱼船，还有只敢在岸边浅水游弋的“鞋船”——两只不足七尺的小舟，绑上横木连接起来，然后两脚各踩一只，在河上采菱挖藕，

2012 年的风陵渡火车站

或捕鱼——像一双鞋一样。中华人民共和国成立之后，渡口由国家统一经营。统一经营后的风陵渡还有 20 条渡口船每日往来于晋陕之间，每天可以过渡 20 多辆大卡车。

风陵渡地处山西最西南端，冬季黄河基本上不封冻，故而航道畅通，终年可航行。老人只记得 1939 年冻过一次河，船停了半个多月。但是，一到雨季，从春天第一个汛期“桃花汛”开始，河里行船就十分困难了。过渡的船都要扯起帆篷，顺风顺水过渡到潼关也得半个小时左右，风若不顺，过渡一次至少两个小时。秋汛水涨，船不好靠岸，有时候随主河道“大溜”一个劲顺流而下，一直漂到河南境内才勉强靠岸。秋水时至，是船工们最为紧张的一个时段。

船工对这条奔涌的大河充满敬畏，秋汛河涨，每行一次船回来，躺在炕上能做几场噩梦，须赶紧延请蒲剧班子给河伯唱几天大戏。每逢初一、十五，行船之前，都要备好供品，焚香拜过河神大王，将祭品一股脑儿倾入黄河，心方才能安下来。风大流急浪滔天，一脚踏在阴阳界，风浪里讨生活，那是多么难吃的一碗饭啊！

老人还讲，老辈子人有打鱼的，岸上的人却很少吃鱼。为什么呢？鱼不止饿嘛！炖鱼费调料嘛！但是，老人却知道黄河鱼的妙处。老人说，河里的鱼多，河水会不失时机透露渔情，或者从水情可以看到鱼在河底觅食的姿态，水花溅起，就可以判断出鱼的斤两，可以判断清楚这是白条，还是鲇鱼，或是黄河大鲤鱼。黄河大鲤鱼那是漂亮，脊背有四两金，腹下有四两银。春天里，鱼油藏在尾巴骨那里，冬天里，则藏在腹部的鳍叶两边。鱼还会叫，你听过吗？老人笑着问。鱼叫起来好有意思，可以从叫声中判断第二天的阴晴，可以预知天上的风雨。鱼是会笑会哭的，你知道吗？鱼能判断人是智还是愚、是贤还是不肖、是昏还是圣的呢。

老人说得神乎其神，说罢，呵呵一笑，频搔白发，笑眉笑眼望一眼大河。

陡然想起一件事来，就是老人说他曾运送过南下工作团。在四川曾访问过一个老太太，就是当年工作团成员之一。她当年不过 20 岁出头，记得清楚，过河那一天正好是八月十五。一船又一船，年轻的南下工作团队伍被运送到潼关滩头，突然有人说：今天是八月十五。

大家抬起头来，一轮明月牢牢地挂在山西那一头的天上，并没有随他们过河来。顿时，河滩上上千名年轻人眼里都蓄满泪水：这是要离家了。

看金庸《神雕侠侣》，大侠杨过与郭襄邂逅于风陵渡，在读者心里，风陵渡是“侠骨柔肠”的同义词。这个中秋之夜，是不是比杨过和郭襄的相遇更荡气回肠？或者，老渡口上演这样荡气回肠的故事是再平常不过的事。

2019 年，再访风陵渡，今非昔比，老渡口历史、老渡口功能，均已经退为背景，或者说，已经变为一个叙述的线索，偌大的黄河滩涂成为一处集生态农业、旅游休闲为一体的现代开发区，蓝瓦红墙点缀在碧绿的田野中，老渡口摇身一变，分明是一处园林所在，游乐、休闲、餐饮服务，等等诸般，如果不是边缘那条流淌亿万斯年的黄河提醒，你很难将它跟遍布中国的生态园区区别开来。

阵痛，重生，调整，一直走到今天。变化了的是人们的生存方式，不变的，是千古流淌的黄河水。北方的这条大河风姿依然。

（本文刊发于《太原日报》）

葛水平，山西省作家协会副主席（现为山西省文联主席），山西大学文学院教授。中宣部“四个一批”人才，享受国务院特殊津贴专家。著有长篇小说《裸地》《活水》；中短篇小说集《喊山》《地气》《甩鞭》等；散文集《河水带走两岸》《走过时间》等。长篇小说《裸地》获得首届《中国作家》“剑门关文学大奖”“鄂尔多斯文学大奖”；中篇小说《喊山》获得“第四届鲁迅文学奖”、人民文学奖、小说选刊奖。电视剧《盘龙卧虎高山顶》《平凡的世界》编剧。

壁上乾坤

葛水平 ◎

▶ 壁画是一个时代久远的记忆符号。记忆，在时光流逝中，年复一年，消逝和呈现，它使一切渺小的东西归于消灭，使一切伟大的东西生命不绝。

▶ 飞禽择木而居，是天之道。人择水而居，则是刀耕火种以来，从大自然的丛林法则中得到的吃堑长智。

▶ 被咄咄逼人的神秘包围着，壁画缄默无言，又显得那么生动不加装饰。庙外，众鸟永远悠闲着一种姿态，庄稼轮回着节气，物质的世界醒着。庙内，手艺人把恒永的快乐定格在墙壁上，任岁月风云变了又换，任人生来了又去，一概不惊，拈花微笑。

▶ 假如黄河是中华民族的脐带，那么永乐宫壁画就是黄河的童谣，就是水陆长梦的驿站。

▶ 画像的立体感和辉煌的气氛在 800 年后，华光与喧嚣已经消歇，依然能让人感到强大的气场扑面而来。

▶ 时间在亘古不变的前行中总有慧眼生出。笔底风光，画匠不是在画，而是在用画笔和颜料负载苦难的重压，告示生命的宏大叙事。

一

一直以来有一个心愿，想去运城看永乐宫壁画。

如此倾情于永乐宫壁画，并非出于某种信仰。壁画是一个时代久远的记忆符号。记忆，在时光流逝中，年复一年，消逝和呈现，它使一切渺小的东西归于消灭，使一切伟大的东西生命不绝。

河东大地有华夏文明独知独享的绚烂，在古代，整个内陆版图就像围棋棋盘，山水纵横，关中、河北、东南、四川是四角，中原为中央腹地。这里主要是泛指，作为一个独立的地理意义上的单元，华夏文明诞生之地都有一些地理上的险要之处，比如山，比如水。都是以山为隔，以水为分。飞禽择木而居，是天之道。人择水而居，则是刀耕火种以来，从大自然的丛林法则中得到的吃堑长智。

河东大地上，中国历史发展的主线很清晰，5000 多年的轴心，华夏文明的起源地，从上古到现在，河东大地可说是忠烈豪强聚族而居，富贵荣华志在河东。

永乐宫全景俯瞰图

惊愕并感慨时光的一再缺场，终于在 2022 年 7 月成行。7 月，河东大地一片青绿，远处黄色的黄河水，有一股邈远的寒意，麻雀在树丛乱跳，夕阳悠悠垂地，最后的晚霞映得天边一片火烧，夕阳中的黄河水也渐次模糊，而另一种精神之途的苍茫也流溢在我的目光中。

对生命与对事物的理解，我始终坚持人类需要面对一条大河。只有了解了人类停歇下的环境，才能真正认识人类本身。黄河，整个流域所伸张的根根系系，它在流过北方广阔的疆土时，也贯通了汉民族生长的血脉和思想的品质。

史书记载，当黄帝联合炎帝战蚩尤于涿鹿之野，可说是人类历史上第一次大规模的部落战争，其结果不仅是使黄帝牢固地控制了河东盐池，更为重要的是使

永乐宫无极殿

黄帝与炎帝的部落得以融合，成为华夏民族的始祖。之后尧都平阳、舜都蒲坂、禹都安邑，他们的建都之地都靠近河东盐池，在物质极为贫乏、商品经济极不发达的原始时期，河东盐池无疑为早期的人类提供了生存的希望。

从春秋到秦汉，有表演歌舞、滑稽、杂技、散乐、木偶戏的出现；隋唐、五代戏曲逐渐形成，有了表演形式的参军戏，尤其是唐玄宗在长安还设教坊、兴梨园，招收梨园弟子，河东闻喜县的礼元镇就是因唐代曾有梨园而得名。宋代已有杂剧活动，到元代，杂剧日趋成熟，达到高峰。河东的锣鼓杂剧更是盛极一时。明朝初期，蒲剧萌芽，也称山陕梆子。蒲剧不仅在中国戏曲舞台上占有重要地位，影响衍生了众多梆子剧种，称蒲剧为梆子戏鼻祖当之无愧。河东戏剧历史悠久，剧种多样，艺人云集，戏剧活动广泛普及，此地被誉为“戏曲之乡”。它是河东根祖文化中的一枝奇葩。

在漫长的农耕社会，神灵常是统治者用来控制人心的法宝。统治者极需要找一个能被最广泛阶层普遍接受的精神偶像，深明大义、忠贞不贰的关公就被推到了人前。关公文化的核心精神，是以关公的“所有行为”形成的忠、义、仁、勇。关公成为一个超时空的各种美好形象的道德代表，并以“神”这个特殊的文化形象扎根在中华文明史中，与我们民族千百年同在，历尽风雨而永不泯灭。

造化钟神秀，地灵蕴人杰。年复一年，人类发展进程中掀起过的惊涛骇浪，就这样在河东大地上消逝并再度呈现。

二

当我看到永乐宫无极殿壁画的那一刻，我似乎忘记自己是走在时间里。

被咄咄逼人的神秘包围着，壁画缄默无言，又显得那么生动不加装饰。庙外，众鸟永远悠闲着一种姿态，庄稼轮回着节气，物质的世界醒着。庙内，手艺人把恒永的快乐定格在墙壁上，任岁月风云变了又换，任人生来了又去，一概不惊，拈花微笑。

假如黄河是中华民族的脐带，那么永乐宫壁画就是黄河的童谣，就是水陆长梦的驿站。

元朝的贡献，是在河东大地留下了永乐宫壁画。

14 世纪是元明两个朝代，元朝是中国历史上由蒙古族建立的帝国，如果对这段漫长的历史之路回溯，循着四季轮回，相对于明王朝建立之前的纷乱，元更适合于以梦游的方式潜入。秩序和梦想的渴求，人心的内敛和充沛，赋予了与其相伴的游思一种深切的惬意。一个时代的趣味，于物中超物，于意中归于无意，无巧无俗，本真天性，那这个时代必然会留下一些神秘的景象。

有人说永乐宫壁画是旷古之作。当我看见时，突然明白，在这个生命内部缺乏秩序的世界上，每个人都应该学会做一个真正的赏读者，而每一件事物也都需要真正的赏读。永乐宫壁画赋予了人世间独特的美学价值，其画面更是具有纪念

永乐宫精美绝伦的壁画巨作

碑的意义。

此刻，我感觉到近800年前，元朝皇帝的一纸敕令，借着纪念、尊崇全真道始祖级神仙吕洞宾，用来弘扬、扩张获得元廷支持的道教威势。工匠将道教推向了无与伦比的社会顶峰。

依然能够看到唐、宋以后盛行的吴道子“吴带当风”的传统，而且准确地表现了衣纹转折及肢体运动的关系，难度极高。在用色上，采用了传统的重彩勾填方法，以墨线为骨干，再填以金、朱红、青绿等色，配搭和谐，有些部分甚至还用了“沥粉贴金法”增强了质感的对比。画像的立体感和辉煌的气氛在800年后，华光与喧嚣已经消歇，依然能让人感到强大的气场扑面而来。

从绘画的兴盛来讲，六朝的绘画讲究神韵，宋代的绘画崇尚寒荒，元朝的绘画追求逸气，明朝绘画体味禅意，清朝的绘画钟情空寂，画的灵魂都在精神层面徘徊。壁画艺人从历史深处走来，他们身上没有书斋文人的那股酸劲，画是他们的生存之道，来自民间的青绿山水养育了他们的性子，艺里艺外皆是艺，不媚俗，不肯降格以求，感情上一直信守着一个“艺”字，在安宁的温馨里孤寂地体验人生的喧嚣和繁闹，墙上的风景就是他们心里的风景，那种沧桑的美和随意的意境，

永乐宫折移展览室

朗照一切并洞穿一切。

永乐宫 1005.7 平方米的元代壁画，让我想到了“五更三点望晓星，文武百官上朝廷。东华龙门文官走，西华龙门武将行。文官执笔安天下，武将上马定乾坤”。这是安定团结同在的一种宇宙观，有光整的社会秩序在里面。

三

时间可以把什么都改变，时间本身却永远是一副没有表情的模样，似乎只有这样才足够盛载悲喜。

1952 年，山西文物普查，在黄河岸边发现了一座不知道叫什么名字的道教宫殿。尽管宫院和殿堂残破，杂草丛生，遍地是鸟屎畜粪，殿内的壁画不但多有残缺，还有许多刀划钉损涂鸦的伤痕。但，时间在亘古不变的前行中总有慧眼生出。笔底风光，画匠不是在画，而是在用画笔和颜料负载苦难的重压，告示生命的宏大叙事。

这一发现迅疾震惊了文物界、考古界和美术界。

正当专家学者你来我往，各自从中发现、汲取所需要的宝贵营养的时候，国家已经做出了一项治理黄河的重大决策——修建黄河三门峡水利枢纽工程。新中国百废待兴，确定在晋、陕、豫三省交界的三门峡修建大坝，以此治理黄河水患，为下游提供电力资源。

永乐宫正好处于规划的水库淹没区内，面临着将要被淹没的命运。

榫卯结构连接的中国古代木结构建筑，在原理上还可以做到拆开重新组装，那么要想把画有两三米高人物的大面积壁画揭下来，再迁移走，还要做到不损坏壁画，这是一件不敢想象的事情。国家希望借鉴欧洲的壁画保护技术来保护我们的壁画，于是便请来了“洋老师”——两名来自捷克斯洛伐克的壁画专家。

论证会就在永乐宫大殿召开，洋老师提出的方法是，利用化学药水软化粘取石头墙壁上的壁画，用胶布把软化的壁画画面粘下来。翻译讲：“这只是一个实验性的想象方案。”会场顿时一片哗然，拿中国元朝的文物做试验？

永乐宫壁画是绘制在黄河沙泥涂抹的墙壁上，经历岁月本身结构就很脆弱，几百年寒暑，粘力和刚度大减，极易损坏。如何能使壁画搬过去再复原起来，对

永乐宫壁画临摹基地

于当时的条件来说，中国古建人员一点把握都没有。如此，只好先临摹下壁画，将来迁移当中一旦有什么闪失，也好作个恢复的依据。同时，还决定拍摄电影、照片等影像资料。

1958 年，国家先派来了美术界的精英，中央美术学院和美院华东分院国画系高年级的 60 多名学生陆续到达，带队的老师则包括了美院副院长陆鸿年、叶浅予、邓白等。他们的任务，就是将永乐宫上千平方米的壁画按照原样临摹。

壁画要想最大限度地保存原貌，最好的办法是割下来。经过反复勘察研究，决定根据画面情况，以最少损坏人物形象，从不重要的画面部分开缝 3 ～ 5 毫米，切割成 2 ～ 4 平方米到 10 平方米大小不等的切块。

对于总面积 1000 平方米的壁画来说，这将是一项繁复的工作。

搬迁永乐宫，没有任何借鉴，一切都得首创。没有现成的工具，他们便“自创发明”。今天，走进永乐宫新景区西侧吕公祠院内，一眼就能看到，东侧一排厢房的正中门框上方，挂有一块书写“永乐宫拆移展览室”的牌子。展览室内最突出的位置上，摆放有几个“奇形怪状”的物件，有的像个椅子，但座位中间是空的，里面装着齿轮；有的像个磨盘，磨盘却是木头的，上面挂着锯条。当我们问及这些物件的名称时，讲解员说：“这些工具都是当年技术工程人员自行设计的，他们就是用这些土工具将壁画从墙上割下来的。”

在揭取壁画过程中，永乐宫大殿门口张贴出“和黄河水赛跑”的标语口号。运输壁画的车必须减低轮胎气压，像蜗牛一样缓缓前行。就这样，341 块壁画，整整搬运了 40 天，如蜗牛缓行和黄河水赛跑。

1998 年，永乐宫被列入世界文化遗产预备名录。

按照联合国的相关条款，被搬迁过的历史建筑，本来是没有资格申报世界文化遗产的。但是堪与敦煌壁画相媲美、有“东方画廊”之美誉的永乐宫，或许将会成为一个例外。2005 年秋天，由联合国教科文组织世界遗产中心派遣的一位资深遗产保护专家来到永乐宫，他对永乐宫的建筑和壁画大为惊讶。中华人民共和国成立之初，为了保护这“历史的宝贵馈赠”，这座宫殿经历了一次震古烁今的整体搬迁。

时间的味觉，时间的停滞，时间作为第四度空间，让你在那个切近的空间中，告诉你万物有灵论，因为，世界是活着的，活着的万物，风和雾，雨和雪，所有东西都具有生命力。

壁画是立体的电影，站在这样一幅幅历史巨片前，人的浮躁、人的狂妄是否可以立马灰飞烟灭？大凡人类历史的长河里，特殊的地理位置总会孕育出特殊的文化。历史的经纬里，常缝合着一条这样的神秘丝线。也只有时间才具有缝合一切、梳理一切、收割一切的力量。

永乐宫，永远的吉祥如意！

（本文刊发于 2022 年 9 月 3 日《人民日报·海外版》）

李晓东，中国作协社会联络部主任。曾任《小说选刊》副主编，甘肃省天水市委常委、副市长（挂职）。在《人民文学》《中国作家》《北京文学》《上海文学》《山西文学》《湖南文学》《飞天》等刊物发表散文多篇。在《文艺报》《浙江社会科学》《名作欣赏》《中国当代文学研究》等报刊发表文学理论评论文章多篇。代表作《天风水雅》《我的乡愁是一碗馓饭》《古巷高门》。

河东书房

李晓东 ◎

▶ 运城，正是文脉流传、人文鼎盛、阅读氛围浓郁的河东大地。

▶ 建筑整体设计如放在架上的图书，四面墙是展开的书页，玲珑、灵动、纯洁。

▶ 最好的阅读，正是化为生活的一部分，日用而不自知。

▶ 在这个最早称为“中国”的地方，现代化的传播渠道，让文脉书香插上翅膀，飞向河西、塞北、江南、宇内、海外，达到无限的远方。

▶ 在通向二楼的楼梯下，热带海滨风光豁然在眼。一片白沙滩，数株棕榈树，玻璃墙外的碧水，不再是半亩方塘，而是马尔代夫的印度洋。

▶ 整个河东，就是一座藏品丰富、生生不息的宏阔书房，值得永远品读、回味。

古河东，今运城，是武圣人关羽的故乡。关羽经《三国演义》塑造传扬，英武忠义盖绝天下。我们发现，无论规模宏大的解州关帝庙，还是襄阳南漳的春秋寨，或泉州关帝庙，都见到关羽夜读《春秋》的塑像。周仓持刀侍立，一灯如豆，关羽一手抚髯、一手持卷，赤面如枣、凤眼如炬，炯炯目光穿越书卷，体悟“一言以兴邦，一言以丧邦”的《春秋》笔法，感知历史变迁的内在规律，也使血雨腥风的三国争战增添了书卷气息。三国猛将如云，关羽武功不及吕布、赵云，甚至典韦、许褚，大约和张辽差不多。他之所以被誉为“武圣人”，历代的封号越来越显赫，直至获得“帝”之封号，乃在忠义。而忠义精神所从来者，当然是《春

南风广场河东书房外景

秋》等典籍。可以说，正是阅读，造就了关羽这“解良一武夫”，获得了超越同时同道之人的修为和历史地位。

运城，正是文脉流传、人文鼎盛、阅读氛围浓郁的河东大地。“河东”，不仅是一个地理概念，更是中国文化史上重要的文化范畴。柳宗元一生颠沛，到湖南永州，到广西柳州，处处皆有名篇遗迹，但故乡“河东”却成为他最终的身份标识。

今天，河东文化在运城这片土地上，被自觉弘扬发展。一段时期以来，“夜经济”为各地所提倡，北京簋街、上海黄河路、武汉吉庆街等名闻遐迩，小龙虾、水煮牛蛙，一时成为万众追捧的平民网红地。“河东夜市”的名气虽不及前面提到的几家，但依然是当地人，包括到运城旅游的人喜爱一顾之地。与装饰考究的饭店相比，人们更喜欢摆一小桌在街边，三五好友、几样小菜、若干啤酒，边吃边聊，既有当地方言，也常听到普通话，或相邻的河南、陕西方言。无论从哪里来，夜市一坐，都成了河东人。

与河东夜市的狂放自然相辅相成的，便是我们这篇小文的主角——河东书房。

河东书房一角

主人把我们引到运城市中心南风广场一幢颇有设计感的建筑前，是一幢非常漂亮的白房子。

“白房子”在文学艺术史上具有象征意义，从图画到小说到电影到歌曲，都有关于白房子的题材。上海浦东全民阅读的新设施“融书房”也是白房子，取法乌拉圭画家卡洛斯·巴艾斯·比拉罗建于20世纪60年代大西洋畔埃斯特角的白房子。南风广场的河东书房，也是一幢白房子。如西南少数民族地区的吊脚楼，四脚高起、翼然欲飞。柱子之间是玻璃墙，浓郁书香，逾壁而出，辐射到整个城市。建筑整体设计如放在架上的图书，四面墙是展开的书页，玲珑、灵动、纯洁。门前一池碧水，“半亩方塘一鉴开，天光云影共徘徊。问渠哪得清如许，为有源头活水来”，人人熟知的《观书有感》，在书房外形象地展现出来。

墙上有字，“文脉·河东书房”，柳体，虽是柳公权，不是柳宗元，然“二柳”均为中国文化史上的高峰巨擘，而柳公权被封为“河东郡公”，因此，可以说是另一个柳河东。的确，河东是有文脉的，耳熟能详的，张仪、王勃、王维、柳宗元、司马光，还有开创中国地图学的裴秀、明代理学家薛瑄等。现代作家、戏剧家、翻译家李健吾籍贯运城；山药蛋派代表作家西戎，曾长期在运城深入生活，中国作协办公楼里，挂着西戎在运城和农民一起为麦苗锄草的大幅照片；中国作协副主席、著名评论家李敬泽，虽生长于河北，祖籍却是运城下属的芮城县，且深以山西人为荣；刚刚颁发的第八届鲁迅文学奖，出生芮城，北大中文系毕业，在美国从事计算机软件开发20余年，2019年返回故乡居住至今的杨铁军获翻译奖，并在中国文学盛典·鲁迅文学奖之夜颁奖典礼上代表五位翻译奖获得者发表感言。文脉垂传，不仅体现在创作上，同样重要的，还有阅读。只有普遍而广泛的阅读，滋养出文脉沃土，方可产生出杰出的创作人才。

进得玻璃门，顺时针看去，首先映入眼帘的，是“河东往事”。一幅幅黑白照片，记忆着流逝的时光和那时光里承载的真实生活。在离运城不远的河南新乡辉县做过教谕的李贽有名言“穿衣吃饭即是人伦物理”，日常生活也是文脉的重要体现。而最好的阅读，正是化为生活的一部分，日用而不自知。

书架暗红，如同关羽面容之色彩。架上之书，多河东历史、文化、民俗、典籍文献等研究整理之作。且不少正面朝外，如橱窗般陈列。初见感觉有点浪费空间，是否因藏书不足所致？细想不然。来书房者，无外乎本地人、外地人两类。于本

河东书房一角

地人，当然首先应该了解乡土文化，知道这片土地上过去的辉煌和今朝的成就，如此方可增强文化自信，推进文化自强。而外来参观者“入乡问俗”，当然会以书为考察源远流长、博大精深的河东文化之导引。再者，也是地方文化研究成果和文化精神的集中展示。

果然，书架侧面有文字，“游文脉河东，品春秋大义”“城市文化的地标，河东文化的承载”，一简一繁、一文一白，把书房的功能、定位、现实作用和历史内涵都表述得清清楚楚。不同于其他城市，以最高楼或最著名文物古迹为地标。论及文物古迹，运城102处国家级文物保护单位，楼宇就有鹳雀楼、秋风楼、永乐宫等，却以河东书房为城市文化地标，充分说明运城城市建设者、管理者和广大市民对于全民阅读事业的极度看重。闻喜裴氏一门显赫两千余载，虽有联姻、世袭等因素，但自强无疑是根本，而自强之本，首在读书。因此，武将关羽、众多文人、诗礼传家等角度，无不证明一个道理，那就是——阅读，已成为河东文脉的最重要内核之一。

书架上还印着四个二维码。从左到右，分别是文脉河东书房官方微信、文脉河东书房微信公众号、运城关公文创商城、文脉河东书房抖音号。“欲穷千里目，更上一层楼”，在这个最早称为“中国”的地方，现代化的传播渠道，让文脉书香插上翅膀，飞向河西、塞北、江南、宇内、海外，达到无限的远方。“隔墙花影动，疑是玉人来”，吸引更多人来到古中国、新运城。

书房一角，设置了咖啡吧。我生活简单，且认为对日常生活之事，不可用心过多，以免“玩物丧志”，不吸烟、少喝茶，于酒，则是见之则喝，不见不想，有时虽醉，然绝无酒瘾。喝咖啡的纪录，更是个位数。前几年在甘肃天水挂职期间，分管“双创”，才知道这泊来的黑色饮料不再只是“解渴的蠢物”，还是创新创业、头脑风暴的标志。在更广泛意义上，大约属于小资生活入门线。其实，“书房”在近年来也有“小资化”的倾向，如商务综合体或机场里的“书房养心面”，就让面有了文化的味道。河东书房，普通读者走进来，如同接近历代文化名人的书房，而咖啡，正是小炉香茗，或“晚来天欲雪，更饮一杯无”的当下版了。

走近细看，发觉错了！所售并非常见的拿铁或卡布奇诺，而是“河东大地谷物饮品”，主要包括“小米核桃饮”“小米红枣饮”两种。将小米、红枣、核桃、花生、玉米、枸杞、莲子、黄豆等现磨现煮，谷香书香，相得益彰。运城得黄河水滋养，沃野千里，是全国重要的粮棉基地。稷山板枣有两千年种植历史，在同一片枣园里，两千年、一千年、数百年和当年种植当年挂果的枣树，共同长出绿的叶，开出白的花，结出色红、核小、肉厚、味甘，可以拉出金黄亮丝的枣中极品，中国十大名枣之首。关公面如重枣，应该就是板枣的色泽，饮一杯小米红枣汁，也寄托对于春秋大义和民族精神的弘扬。

壁上有画，永乐宫壁画的部分内容。诸神仙注目下，数张竹桌、十余把布椅，静静等候读书人的到来。我两次瞻仰永乐宫，每次都被恢宏精美的壁画所震撼。虽然不如敦煌壁画名闻遐迩，没有麦积山壁画中白马图的立体透视效果，但同为第一批全国重点文物保护单位的永乐宫壁画，主建筑三清殿，以 289 个人物、403.34 平方米的面积，气韵生动地表现出全套“朝元图”，即道教中众神朝拜元始天尊的仪式。“毛根出肉”，眉眼须发，无不传神，峨冠博带，衣带飘逸，三米多长的线条，一笔而下，绝寻不到断笔、接笔痕迹。不禁联想起我故乡长治的观音堂悬塑。同样题材，观音堂是明代作品，永乐宫则主要成于元朝。有元一代，不足百年，总给人文化遗存不足之感，然永乐宫告诉我们，元代不仅有青花瓷，绘画技能同样达到如此高度。敦煌、麦积山崇佛，永乐宫修道，共同成为中华民族文化天空的永恒星辰。此次到访，见数十小朋友临摹壁画，虽属初学，然均认真用心，其中几位，已很有些样子。

与敦煌、麦积山壁画历时既久，绘画流派不一迥异，永乐宫壁画，为“尧都朱好古”门人所绘。朱好古，元山西禽昌，今之襄汾人，承吴道子之风，构图伟岸严整，造型庄严美妙，笔墨挺拔流利，色彩富丽堂皇，内容丰富宏大。这些特征，无不生动体现于永乐宫壁画，包括描绘元代人民日常生活之纯阳殿、重阳殿内画作，亦如此风格。河东文脉，代有传承，这些学画的孩子，当是永乐宫国宝创造性转化、创新性发展的不竭源泉。而河东书房中所见之壁画图册，尤为访客所钟爱，携一册慢品，时时面对十方世界、星辰大海。

书架非整齐排列，柔光在顶、曲径通幽。每一本书都是思想与时光的留驻，顺着书影横斜的时光通道走来，“路转梯角忽现”。在通向二楼的楼梯下，热带海滨风光豁然在眼。一片白沙滩，数株棕榈树，玻璃墙外的碧水，不再是半亩方塘，而是马尔代夫的印度洋。写作讲究“仰观宇宙之大，俯察品类之盛”“揽天地于形内，挫万物于笔端”，阅读也一样，在有限空间里，构造出无穷想象。

河东书房一角

二楼整体设计为圆形，阅读台、椅凳、书架，构成三个同心圆。与经营者交流，知是运城的文旅平台“关公文旅”投资1000万元，请青岛的公司设计建设的。目标人群为18至38岁，以我们到访的2022年计，则是出生于1984年至2004年的青年，涵盖80后、90后以及00后前段，正是文化时尚化向时尚文化化转型的全过程各阶段。上世纪80年代以降的相当一个时期，无论传统文化、革命文化，还是当代文化，似乎不时尚化就没有生命力，而时尚化，往往简单向港台、日韩学习，时尚流于浅薄，文化内蕴流失消解。近十年来，文化自信自强成为社会共识和自觉意识，时尚渐渐充实了文化之内核，包括优秀传统文化、红色文化、世界优秀文化，以及地方特色文化。

圆的河东书房，既继承天圆地方观念，又如古罗马圆形剧场。人在看书，架上书也在看人。歌德说“读一本好书，就是在和一个高尚的人谈话”；笛卡尔更言“读一切好书，就是和许多高尚的人谈话”，想想，你读书时，多少古今中外的智者贤人在无声注视着你，“你坐在书房看书 / 写书的人在书架上看你 / 明月装饰了河东的窗子 / 别人装饰了你的梦”。

书架外侧，又是吧台，主营却是盐湖咖啡。运城盐湖，是山西最大湖泊。《水经注》载，“盐池东西七十里，南北七里，深而不流，水出白盐，自然凝成，朝取夕复，终无减损”，所产之盐颜色洁白、质味纯正。最早“中国”之地，正是盐湖周围。盐铁乃国之重器，民生耕战之基础。古代自给自足的自然经济，粮食、布帛、油、醋、酱、酒等，俱可自造，唯盐铁须经贸易而得，乃国家经济之命脉。西汉昭帝时期，霍去病同父异母兄长、大将军霍光即召开盐铁会议，形成在中国经济史、文学史上都具有重要地位的《盐铁论》。盐类专卖，直到本世纪才取消。运城作为山西农业条件最好的地方，有粮、有棉、有盐，为文化昌明、文脉河东奠定了扎实物质基础。

更神奇的是，仲秋时节，如天空之城的调色板，盐湖七彩斑斓，赤橙黄绿青蓝紫，谁持彩练河东舞。这彩练，便如施了哈利·波特的魔法般，缩身到咖啡杯里。我曾到过青海盐湖，面积广大，道路、楼房俱建在盐盖之上，甚至建筑材料都是盐，白波漫漫，一眼无边，被誉作“天空之镜”。然终有些单调。有人说，盐湖的孩子们，没见过树。而盐湖区，却是运城市核心区，盐在城中，高楼巍巍、中条隐隐、书香依依。持一杯七彩盐湖咖啡，握一卷诗书，偶尔看看大玻璃墙外的绿波垂柳，

河东书房一角

还有在广场漫步、休憩、游戏、锻炼的市民，以及行色匆匆的人们。或约二三好友，临窗轻语，共话身边人、万里事，真有孔子“咏而归”的人生意境。

此次到访，终于到了心中矗立几十年的鹳雀楼，虽“三十年河东、三十年河西”，早非王之涣登临的位置。然“江山留胜迹，我辈复登临”，明白晓畅的二十个字，让一座楼，作为文化地标，扎根在世世代代中国人心中。初听到这首诗，还是在村里读“幼儿班”时期，复式班，老师教同一教室二年级的同学，用纯正的武乡话，老师带着同学，拖着长长的声音，“登鹳—雀楼—欧……”在“沉浸式教学”中学会的。学了普通话，暗笑农村教学水平低，连题目都读不对。现在知道，武乡农村最土的话，其实和王之涣的诗最近。全诗各句押入声韵，其他字入声者亦多。稍有古诗词知识者都晓得，入声字收声急促，如何吟唱呢？是这样的，“白日依山尽——嗯……黄河入海流——欧……欲穷千里目——哦……更上一层楼——欧……”同行的《红岩》杂志主编刘阳，著名女书法家，尤工草书，气韵生动、一气呵成，款落“刘阳挥毫”，意犹未尽。鹳雀楼上，却一试未成，再书，依然不算如意。我等熟悉的旁观者，亦感觉未发挥出本来水平。刘阳称，“在大诗人的地方，紧张了”。大约确是。

我们在河东书房，也更上一层楼。三楼，另有洞天。雅座数间，各有风格，融注其中的，依然为关公文化。楼顶露台实景，与屋内陈设相辅相生，青松翠柏，关公精神永生。一间名“赤兔”，挂大幅关羽跨马横刀之像，人红马红，气势如虹，似欲破壁而出。红，乃太阳之色彩。农业时代的中国，靠天吃饭，日出而作、日落而息，阴晴雨雪，丰歉饥馑，无不决定于太阳。然中国无太阳崇拜，反而有“夸父逐日”“后羿射日”，似乎自古即欲“人定胜天”。其实，原始先民崇拜、恐惧、反抗、顺服，往往几位一体，一体几面。在民族心理上，关羽其实是太阳的化身，故而光耀千秋。房间均不大，佳茶无酒，有句“理想的一碗水”。主人说，可以开小型研讨会，有茶水、小点，按时收费，一问，不贵。

纵览书房功能，一楼，公众普及，二楼潜心阅读，三楼专心研讨。王静安论词三境界，反用，正可形容。一楼，众里寻他千百度，蓦然回首，那人却在灯火阑珊处；二楼，衣带渐宽终不悔，为伊消得人憔悴；三楼，昨夜西风凋碧树，独上高楼，望尽天涯路。

河东书房，此为其一。截至目前，运城市区即有 11 座河东书房，打造“两公里阅读圈”，让城市书房像知心朋友般时时处处相伴身旁。而各县区，都有自己

河东书房一角

的河东书房。每座书房里，均设置了地方非遗传承区域。父母带着孩子，或几位外地到访者，亲身体验，乐在其中。孩子们自不必说，大人也“时人不知余心乐，将谓偷闲学少年”。上海朵云轩曾举办过“江南百工”展示，一时盛况，观者如潮，学者比比，让生活在大都市的年轻人见到了民间技艺。河东书房里，静悄悄的，《天工开物》无声传承。

在全国人大工作期间，曾参与《中华人民共和国非物质文化遗产法》的立法工作，原来文本叫“非物质文化遗产保护法”，我说，《婚姻法》不叫“婚姻保护法”，《土地法》也不称作“土地保护法”，法律本身就是为人民生活保驾护航的，何况文本里，对非遗有两种方式，一保护，二保存。后来公布的正式文本，果然吸收了这条建议。非遗保护与开发，成了持续的热点。的确，非物质文化遗产和物质形态存在文化遗存，共同构成文脉，可以说，一为身体、一为血液。运城各区县，非遗殊多。著名的，如万荣笑话，“中共中央国务院山西省委万荣县国营地方水泥厂支部书记兼厂长”“上坡捏紧闸，下坡使劲蹬”等，早已流传甚广。运城的国家级非遗，还有五步产盐法、蒲州梆子、眉户戏、布偶制作、面塑等，有 28 种之多。

我们到时，第八届山西省旅游发展大会即将在运城开幕，主要展示内容之一，即为面塑。展览场所在鹳雀楼最高层。观者既赞叹面塑人物、动物惟妙惟肖、栩栩如生，更惊叹这么大的面塑，厚达 20 多厘米的面，是如何同时蒸熟，而不至于“外焦里嫩”的。和咖啡相伴，烘焙也成了时尚的另一标志，在网络平台和小视频传播下，用烤箱做个饼干面包，仿佛小资情调得不得了，在中国古代，就是“风雅”。不知不觉中，传统的技艺在一段时间以来被忽视了。还好，有了自觉的非遗保护传承，更有技术含量的运城面塑，除赞叹外，更值得大家学习，自己也 DIY 一回。

从鹳雀楼最上层平台望去，黄河缓缓而去，和中条山如两条臂膀，护佑着这方钟灵毓秀、人杰地灵的沃土，文脉河东，源远流长，于今为盛。

行文至此，忽然想起同属永济的普救寺。“新杂剧旧传奇，《西厢记》天下夺魁”，一曲西厢，普救寺天下闻名。传播千古的爱情故事，其缘起，依然在读书。是进京赶考的书生张君瑞，与尚书千金相遇。崔莺莺，不只父亲官大，唐时，门阀制度犹有遗存，有清河崔氏、范阳卢氏、荥阳郑氏、太原王氏四大族，崔氏第一。连一代名相薛元培，都遗憾未能娶到四大家女子为妻。君瑞一介书生，与崔家小

河东书房一角

姐结成良缘，当然有白马之围等曲折情节，然根本上，还是高中状元。可以说，读书战胜了门第。

寺墙不高，外有树，是杏树。除了《西游记》里的杏仙，这种北方最常见的树，似乎和文学没什么大关系。不料，却藏在著名的《西厢记》里。树斜斜向上，分两杈，探向寺内，如望人般。传说，就是张生逾墙所攀之树，“杏”通“信”也。游客多有作攀树状拍照的，边拍边笑，一片欢声。这笑，当然是玩笑，也笑出了书声琅琅。

“待月西厢下，迎风户半开”，西厢朝东，最早见月，树影婆娑，塔影依稀，少女莺莺的心情如月下之影般不定，却亦如明月之光明。她明白，与日益衰落的门阀制度相比，读书出仕才真正有前途。这一点，剧中人，红娘、小欢郎、老夫人，其实都懂的。所迷惑者，是老夫人的侄子郑恒，他的撞死，是殉了门第制度的传统，所以，老夫人说“他自己要死，我没有逼他”，全无亲情的冷漠之语背后，是历史的大变局。莺莺会张生，小而言之，是有点老套的才子佳人爱情，大而言之，却是历史必然的象征。如此，才足可称名著。

寺旁有塔，通常称“莺莺塔”。唐塔，与西安大雁塔、小雁塔相似。所不同者，塔下不远处有石蛙，以石击之，塔出蛙鸣，呱呱有声。“稻花香里说丰年，听取蛙声一片”，塔有十三层，书有十三经，唯勤勉精进者，方可有成。

整个河东，就是一座藏品丰富、生生不息的宏阔书房，值得永远品读、回味。

杨遥，中国作协会员，山西省作协副主席，文学硕士。出版《二弟的碉堡》《流年》《柔软的佛光》《闪亮的铁轨》《大地》等多部作品。作品获赵树理文学奖、十月文学奖、上海文学奖、小说选刊奖等奖项和中国作协“深入生活，扎根人民”主题实践先进个人。

遥远的地方在眼前

杨遥 ◎

▶ 这次 7 月走进运城，正是暑热之时，没想到一路伴随着凉风和细雨，一脚踏入了意想不到的“远方”。

▶ 站在 200 多年前的“李家大院”门口，看到匾额上高悬的“慈善世家”，想到将踏入的是“广善门”，有种久远的古风立即沐浴到身上。

▶ 在李家大院层峦叠嶂的院落中，到处是精美的砖雕、石雕、木雕，几乎步步是景，处处可画，尽显晋南民俗的精华。

▶ 登上秋风楼，极目远眺，汾河与黄河波光粼粼汇入一处，天上白云翻飞，地上树木葱茏，河边水鸟嬉戏，想起汉武帝祭祀时秋风起、草木黄、燕南归，已显萧瑟，现在一片繁荣兴盛气象。

▶ 乘船逆行而上，山门扑面而来，水面上泛着一个又一个旋涡，不断变幻，像一种象形的文字，演示着古代的神话和现在的传奇。

▶ 想到一次次蓄谋远行，没想到“遥远”的地方就在眼前——运城。

远方总是呼唤着我，我喜欢远方，觉得远方有更美丽的风景，更漂亮的人。

河东文明璀璨夺目，去过运城几次，著名的旅游景点却没有去过几处，原因种种，我想最大的原因是运城同处山西一隅，太近了，不是我向往的远方。

这次 7 月走进运城，正是暑热之时，没想到一路伴随着凉风和细雨，一脚踏入了意想不到的“远方”。

首站到万荣，万荣是一个有意思的地方，由历史上的万泉县和荣河县合并而来，这里几乎每个人都会讲笑话，是全国闻名的笑话之乡，接触过的万荣人都幽默有趣。这里家家户户都修着高大的院墙和院门，朋友告诉我，即使万荣人的房子盖得很小，院墙也一定很高，院门一定很大。门楣上都嵌着精美的石雕或砖雕牌匾，上有“诗书传家”“惟精唯一”，等等，颇有古风。万荣人志存高远，几乎每家工厂、每个企业的招牌都用世界级的名字，到处是“大世界”，像他们的笑话一样有趣。

在蒙蒙细雨中寻访“李家大院”。晋商闻名世界，“大院文化”在山西颇为兴盛，但站在200多年前的“李家大院”门口，看到匾额上高悬的“慈善世家”，想到将踏入的是“广善门”，有种久远的古风立即沐浴到身上。

走进大院，首先感觉到大，这儿原有院落20组，现存院落11组，另有祠堂、花园等，占地近1000亩，在山西的大院中首屈一指。但它大而大得精致，就像一位美女不仅身材窈窕，而且眼睛、鼻子、嘴巴，包括手、脚，每一处都引人注目。在李家大院层峦叠嶂的院落中，到处是精美的砖雕、石雕、木雕，几乎步步是景，处处可画，尽显晋南民俗的精华。李家经商走南闯北，又汲取了南方徽式建筑风格，在大院里可以看到南方式的天井和游廊、假山。这样南北融合的景观，放在任何一个大城市，也是一道美妙的景观，处在万荣乡隅的这个叫闫景的村落，有些“飞来峰”的惊艳。更让人称奇的是它其中一处院落中西合璧，既有中式院落的亭台花榭、雕栏玉砌，又有欧洲“哥特式”建筑的尖拱和肋架拱顶，至今保存十分完整。在晋南的山区，看到南方的建筑已让人惊叹，看到西方的建筑更是想象不到。它是院主李子用留学英国，娶英国女子麦克蒂伦为妻，回家后改建的。走在其中，有种时光漂移的感觉。正是这种敢为天下先的开放精神，使李家在李子用手中发扬光大，走向最为鼎盛的时期，成为民族企业中一支重要力量。李家最鼎盛时期，生意遍及晋、陕、甘、宁、沪、京、津等15个省、市、区。李家媳妇王和君主管家族生意后，每年到各地商号巡查，从闫景村坐马车出发，每天行程60里，李家店铺沿路遍布，王和君只住自家店，只吃自家店铺的饭，直到银川城，这是多么靓丽而又让人骄傲的一道风景，要是用现代企业思维来考虑，应该是中国最早的连锁店。

李家大院层峦叠嶂的院落，尽显晋南民俗的精华

随着全面抗战爆发，1938 年日军占领万泉县，李家生意开始衰落，但是关于李家善行的故事仍然在老百姓口中流传至今。赈灾、助学、抗疫、修路等各种公益事业中，均可见到李家人的身影。站在李家大院“百善壁”前，不同字体书写的 365 个“善”字栩栩如生，仿佛还在展示着李家人的天天行善、日日行善、永远行善。

李家大院这处民间建筑的瑰宝，让我目睹了晋商的辉煌，也领略了“善”的力量。后土祠这个皇家的祭坛，却让我走向更远的“远方”。

祭祀在古代是无比重要的一件大事，《左传·成公十三年》书之为“国之大事”。在中国最初的祭祀对象是“社”，即土地之神，也叫后土地母。而最早祭祀土地的地方，就在今天的万荣县。传说轩辕黄帝平定天下，在汾阴扫地设坛，祭祀后土地母。汉武帝时修筑后土庙，商议修建地址时，《史记》作者司马迁的父亲太史令司马谈提议建在汾阴县。他的家乡夏县与汾阴仅一水之隔，这里是黄河与汾河的交汇之处，自然是一处人杰地灵之所，而远古时期的汾阴，就是现在的万荣。

后土庙建成，汉武帝祭祀礼毕，泛舟汾河，留下一首流传千古的《秋风辞》：“秋风起兮白云飞，草木黄落兮雁南归。兰有秀兮菊有芳，怀佳人兮不能忘……”此后历代帝王多来祭祀，西汉宣帝、元帝、成帝、哀帝和东汉光武帝，相继来此祭祀不下 10 余次。唐明皇先后三次巡幸，并将后土祠加以扩建，号奉祇宫。宋真宗三年，命人修葺后土祠，次年亲祭后土祠撰写了《汾阴二圣配飨之铭》碑，即萧墙碑，现仍完好地保存于庙内。后黄河改道，又决口，后土祠被黄河的泥沙淹没。

李家大院这处民间建筑的瑰宝是晋商的辉煌，也领略了“善”的力量

到了清同治九年，荣河知县将此祠移迁于现在的后土祠，历经百余年，山门、井台、献殿、香亭、正殿、秋风楼等仍然巍然屹立，与相继从黄河的泥沙中打捞出的碑刻默默讲述着古往今来的历史。

登上秋风楼，极目远眺，汾河与黄河波光粼粼汇入一处，天上白云翻飞，地上树木葱茏，河边水鸟嬉戏，想起汉武帝祭祀时秋风起、草木黄、燕南归，已显萧瑟，现在一片繁荣兴盛气象。河流流经之处历来是文明孕育之处，这里两条大河交汇，一条是中华民族的母亲河——黄河，一条是山西人民的母亲河——汾河，诞生华夏文明自然不过。

从万荣到河津，一路大河逶迤。“津”在汉语中有渡口的意思，河津自然是河的渡口，而且河是黄河。来河津，直奔禹门口，也叫龙门。这里位于黄河大峡谷中，传说大禹治水，历时四年，带人凿通两岸悬崖峭壁，黄河水患才得治，人们为纪念禹的功德，称之为“禹门”，它地处秦晋重要渡口，便称之为“禹门口”。每年春季三月，鲤鱼逆水而上，跃登此门便化而为龙，故此门又为“龙门”。

黄河自北而南，在晋陕大峡谷中千回万转，出了壶口，经孟门、石门，来到龙门，河道猛然收束，最窄之处宽度仅 80 余米，然后像一只紧握的拳头突然张开，冲击出大片平原，现已变成千顷良田。乘船逆行而上，山门扑面而来，水面上泛着一个又一个旋涡，不断变幻，像一种象形的文字，演示着古代的神话和现在的传奇。第一次和母亲河这样亲近，也第一次见到这么窄的黄河和这么宽的黄河，古时候，这个渡口一定舟楫相连，人头攒动，现在铁索桥、公路桥、铁路桥已经连通两岸，天堑变通途，只是短短几十年的时间。

万荣、河津、稷山、夏县、盐湖区、芮城、永济，短短一周时间，不断在神话和传说中徜徉。去过许多地方，传说毕竟只是传说，在运城，每一个传说似乎都有现实在佐证。在轩辕黄帝之妻嫘祖教民养蚕种桑的夏县，发现了人类历史上最早有人工切割痕迹的半块蚕茧化石，挖掘出 4 枚距今 6000 年的仰韶早期的石雕蚕蛹。在炎黄联盟与蚩尤大战的“涿鹿”，河东盐池现在还能产盐，在东下冯遗址中发掘出商代的盐仓，在铸造于公元前 740 年的“戎生编钟”上，铭文记载着“嘉遣卤积，卑潜征繁汤，取厥吉金，用作宝协钟”，即晋国用河东盐池出产的盐换

蒲津渡的大铁牛，屹立在黄河岸边

取南方的铜。

还有黄河蒲津渡的大铁牛，光铸造之时就用去唐代开元十二年全国年产铁量的 80%，现在屹立在黄河岸边，庞大的体量、精美的工艺吸引着南来北往的大量游客。夏县鸣条岗，由苏东坡撰写碑文，宋哲宗亲笔书写的“司马温国公神道碑”，已经沉浸了 1000 多年的历史，与《资治通鉴》一起熠熠生辉。芮城永乐宫，中国现存最早、最大、保存最为完整的道教宫观，珍贵的元代壁画与敦煌壁画并称中国古代壁画“双绝”，为研究元代社会阶层与民俗文化提供了一手资料。普救寺内的莺莺塔，还在见证着《西厢记》里张君瑞和崔莺莺的爱情神话。解州关帝庙的香火不绝，关公的“忠仁义勇”成为中国传统文化的精髓。运城的宝贝看也看不完，从上古到唐宋元明清，运城保存着一条完整的文明画卷。

鹳雀楼上日头已经偏西，远处连绵起伏的群山笼罩在一片红光中，黄河也在红光中滚滚而去

行程结束时站在鹳雀楼上，日头已经偏西，远处连绵起伏的群山笼罩在一片红光中，黄河也在红光中滚滚而去，想起走进运城见到的“漂亮”的人，想到了未来。

在一家制作青铜产品的公司，首先看到一座现代人物雕塑坐落在草丛中，它线条流畅，神态生动，圆滚滚的身上胖得仿佛要流下油来，马上让人想到当下富足安详的生活。走进展厅，“茅盾文学奖”奖杯、“金鸡奖”奖杯、“中国最佳导演奖”奖杯等金光璀璨，夺人眼目。这里是中国最大的青铜器制作基地，他们与韩美林等国内一流美术大师合作，许多大师的产品设计好之后，就交给这里制作。企业家取得艺术家的信任，产品无疑如虎添翼。

在一家葡萄酒庄园，葡萄碧波万顷，长势喜人。参观过许多葡萄酒庄园，地

中国最大的青铜器制作基地，陈列着“茅盾文学奖”奖杯、“金鸡奖”奖杯、“中国最佳导演奖”奖杯等

理位置很是重要，这里显然在黄金宝地，再一打听，负责他们生产工艺的是西北农林科技大学。今年孩子高考，对这所大学了解颇多。这所大学的葡萄酒学院专业实力全国排名第一，在亚洲也是首屈一指，可以说是葡萄酒行业标准的制定者之一，所以这里的酒好也实在必然。喝了几口，果然醇香迷人。

最令人感慨的是位于芮城县古魏城城垣遗址内的广仁王庙。当年梁思成夫妇寻找唐代建筑的故事一直在心头萦绕，这里保存着一座唐代建筑——广仁王庙。面阔五间，进深三间四椽，没有内柱，周身共用 16 根檐柱，这是唐代小型殿宇常见的做法。站在它的面前，历史凝重感扑面而来。广仁王庙邀请清华大学建筑设计研究院进行保护开发。他们在保持广仁王庙大殿主体建筑不变的同时，对周边环境和建筑材料统一设计，没有兴建新的庙宇，而是引入现代博物馆、美术馆、艺术画廊的设计理念，采用特殊的纤维水泥复合材料，设计了一些既有当地黄土原色，又具后现代审美风格的开放空间，既保留和突出了唐代建筑，又延伸了景区范围，还成了一处学习参观中国古代文化的好地方。

“专业的事情交给专业的人来做”，是现代社会现代理念的一个标志，这个

全国唐代木结构建筑仅四座，芮城县广仁王庙正殿即为其一

理念在运城已经得到很好的实践。强强联手，强者恒强。

想到一次次蓄谋远行，没想到“遥远”的地方就在眼前——运城。

（本文刊发于2022年8月11日《长江日报》）

黄亚洲，作家、诗人、编剧。浙江杭州籍。曾任第八届全国人大代表、第六届中国作家协会副主席、中共十六大代表、中国作家协会影视委员会副主任、浙江省作家协会党组书记兼主席。现任中国电影文学学会副会长、中国作家协会《诗刊》编委。出版小说、诗集、散文集、影视集等文学专著40余部。作品先后获国家图书奖、鲁迅文学奖、金鸡奖、金鹰奖、飞天奖、百合奖、夏衍剧本奖、屈原诗歌奖、李白诗歌奖。各类作品6次获国家“五个一工程奖”。电影作品6次获国际奖。小说《日出东方》列为中华人民共和国成立70周年70部优秀长篇小说之一。各类代表作有：诗集《狂风》《行吟长征路》《中国如此震动》，长篇小说《雷锋》《红船》《花门坊八号》，电影《开天辟地》《落河镇的兄弟》《邓小平1928》《红船》，电视连续剧《张治中》《上海沧桑》《历史转折中的邓小平》《中流击水》。

走访运城

黄亚洲 ◎

▶ 关云长，从来
就没离开过他的故乡
整个中国，都是他的运城

▶ 天上的北斗，经常把黑夜一勺一勺舀给我

▶ 其实，所有的爱情故事
都需要普救，无分朝代，无分男女……

▶ 劈部分娩出土地
土地的两块乌青，分别成为
天空和海洋

▶ 每块裴氏的墓碑
都是一条戒尺

▶ 从此，黄河在搬动高原的时候
不再妨碍人民搬动生活

▶ 不能不钦佩大禹指关节的坚硬
一手掰住山西，一手掰住陕西
让黄河在这里侧身而过
就此一马平川

▶ 这个村子的村民，甚至，走路的姿势都有讲究
不是走成上联，就是走成下联

关云长离开运城

关云长离开运城的时候，并未想过
他日后，会以这样的深度与广度走遍中国
他的青龙偃月刀无论在哪一竖
都是旗帜

他的赤兔马也是这样
这匹马，今人叫作和谐号，或者复兴号

甚至，这匹马，比当今的高铁还深入得多
不仅走遍大中小城市，还直插穷乡僻壤
看看，中国哪条毛细血管，不牵着一座关帝庙

只要关云长还在夜读《春秋》
国家就很平安

关云长从来没有想过，运城之搬运
会是这样的全覆盖
一个运字，成为他的命

当然，主要的，是他自己做人做得好
他把《论语》里的忠、义、仁、勇
挨个儿实践了一遍，不搞花架子
哪怕身处逆境，照样杀开血路，过五关斩六将
想当今，深圳，不也是提着他这把青龙偃月刀走路的?

也可以这样断言，关云长，从来
就没离开过他的故乡
整个中国，都是他的运城

拜谒解州关帝庙

走过结义园，走过古戏台，一路走向关云长
我沿着关帝庙的中轴线走，这一路，也好似
过五关斩六将
杀伐的，都是自己身上的东西：
不忠、不义、不仁、不勇

在御书楼，我抬头，久望“无二心”匾额
我怎么有那么多的心呢

最后，才见到关云长本人。他英气逼人
见面就想收服我
两侧的关平与周仓一起为他助威
连殿前仿造的四把青龙偃月刀，都发出了飒飒的附和之声

其实，走到关老爷面前的，只是我的幻影
我的真身早已在过五关时被斩落于马下，血流一地

不忠、不义、不仁、不勇
杀伐自己的路，还长着呢
为争取收服
我这一生，都要拜谒

永乐宫的壁画

一切都是最好的安排
要感谢那层泥灰，也要感谢那只小鸟
我甚至大胆推断，那层泥灰与那只小鸟，都是
元始天尊特意用气吹成的

首先要感谢那层泥灰
元代造就的永乐宫，明清移作他用，变为私塾，因此
为怕惊吓孩子，巨大的神仙壁画一律涂抹掩盖
以至于一九三八年日本鬼子找了半天壁画，一无所获
军刀没能剜走中国的道教

其次，要感谢那只小鸟，一九五二年的某天
它啄走了一点泥，终于叫文物普查员惊跳欢呼：
中国最大的画找到了！

这层泥灰与这只鸟的安排，肯定都是故意的
“朝元图”巨作对中国与世界的轰动，是必然要发生的
一切都是最好的安排
二百九十个栩栩如生的道家人物一起发力
改写了中国美术史与世界美术史

今天我看见又一批惊喜的美院学生在这里临摹
我明白，这一教学日程，也在元始天尊的规划之内
他吹的气，他布置的线条，甚至都符合
量子力学的原理
毋庸置疑，一切都是最好的安排

舜陵，大禹有否植下柏树

是否大禹亲手所植，无考
但是，认定禹时所栽，是经过严密考证的

都四千年了
这群被时光压弯的侧柏，这群依旧郁郁葱葱
高举针叶的侧柏

我今天要袒露自己所有的穴位，一步步凑近
古柏尖细的针叶，我依旧需要
针灸

坚信，舜躺下之处，就是我站起之地
尽管我离“德圣”“孝祖”相差十万八千里
坚信，彼此都是中国人
穴位一致

是否大禹亲手所植，已不重要
重要的是，这是大禹时代开下的保持健康的处方
重要的是，这是大禹的提醒：
跪拜之前，先行针灸

重要的是，我须明白：
有一种常青的东西，至今，在中国不死
还很尖利

河津，看望真武大帝

我愿意走上两百级石阶来看你
你是北方的神灵
暴风雪的钥匙在你手里，所以
我拾级而上之时
愿意扯开胸前衣扣，袒露我
南国的锁芯

能否将下列物件打包
算你相赠的礼品？
——狍子，腊月的风雪
佛珠般摇动的草原？
烽火台，窗框上细腻的冰晶
皮靴拔出雪野的声音？
马蹄，风中翻滚的石头
大漠边缘那只疲惫的鹰？

你知道我根本消受不了它们
但是你也知道，我就是喜欢
我就是想闻一闻，哦，北方
北方本来就是一种味道啊

北方能在南方人的皮肤上
直接种上狂风和森林
北方能进入睡梦，通过
睡梦中狍子的洞穴，进入命运

今天，我必须走完两百级石阶

表达对一个方位的尊敬
天上的北斗，经常把黑夜一勺一勺舀给我
这显然不够，我还必须专门来寻拜河津

在南方我跟鱼和丝绸一起生活
湿润的巢里，常会飞起夜莺
但是，我必须掰出一块生命
交付冰粒和风雪执行，现在
真武大帝，你手举一页“上吉”之签
正看着我以一条伤腿，一步步
向你靠近，这时候
你很可能已经看见了一匹狼
或是一团干燥的风，或是一只
半边翅膀拖地的
鹰！

普救寺，杏树问题

那株杏树，若译成梵文
可以叫做菩提

繁茂的枝枝杈杈，生来
就是为的托住鞋底
我相信，张生落地的那一刻，他超度了自己

我相信，佛祖对于身边的爱情故事，向来
眼开眼闭

讲经的时候，他有几声感叹词没有录入经卷
直接掉进了《西厢记》

其实，所有的爱情故事
都需要普救，无分朝代，无分男女，其实
佛祖早就明白了这一点
所以，离大雄宝殿仅几丈之地，他就种下了
一株可以接纳鞋底的菩提

我相信，所谓菩提，就是男女
如果这个词译成汉语

万荣，后土祠

不知道黄帝在这里跪下的时候
他身后的树林，是不是都像他的头发一样
在土地上剧烈摇晃？

我只看见，远处的黄河，还有汾河
同时闪着黏液般的光，从两侧包抄，把这块
圆形的奇异土地，围成
臂部形状

黄昏时分，后土像月亮一样冉冉升起
她弯腰，张嘴，咬断一个民族的脐带，这时候
她就听见黄帝在宣读祭文，那声音
婴儿啼哭般的雄壮

臂部分娩出土地
土地的两块乌青，分别成为
天空和海洋

很明白，一切都是从哭声开始的
几千年绵延的眼泪叫河流发芽，叫庄稼灌浆
一切都是从土地开始的
我们只有通过脚掌的支撑，才能
让脑壳升起，成为太阳

我不知道，当年，黄帝在读完祭文之后
脸上，是否有黄河和汾河两行
我只知道，今天我一跨入后土娘娘的正殿
那感觉，就像撞见亲外婆一样

裴氏祖祠

跨入裴氏祖祠之前，你不能不认真正一正衣冠
裴氏家族一身正气
参见裴氏先祖，需要事先开一次自我思想检讨会

这就是远近闻名的宰相村
裴氏家族先后于十个朝代出过五十九个宰相，无一贪官

还出过大将军五十九人、中书侍郎十四人
还出过尚书五十五人、侍郎四十四人
还出过常侍十一人、御史十人、节度使二十五人
还出过刺史两百十一人、太守七十七人

无一贪官

裴氏祖祠的大院里，花红风轻，石碑无言
石碑上每个字，都如中纪委文件一样写得工工整整

裴氏的先祖传下家规，为官贪渎者，骸骨不准进祖茔
闹得子孙后代谁都怕玷污了祖姓
都把自己身上所有的骨头，收拾得妥妥帖帖

每块裴氏的墓碑
都是一条戒尺

于是，想起我的裴姓外婆
我身上，也流有四分之一裴家的血
我希望这四分之一，能坚强引领其余的四分之三
我希望自己跨入裴氏祖祠的时候
身上没有一块斜长的骨头，甚至没有一根老年性骨刺
让先祖察看我的目光，十分柔和

黄河铁牛

黄河需要降伏，我的兄弟
既然唐玄宗把一根
名为“浮桥”的鞭子赐给了你
你就高高举着吧
黄河作为猛兽的岁月已经太长久了
河东河西各站四个兄弟

你们高擎铁索，让半个中国
在黄河身上踏过来又踏过去
从此，黄河有了三分雌性
腰身婀娜变细

这是唐开元十二年的事，你们
开始放牧天下最任性的河流
以皇帝和人民的共同名义
从此，你们牙根咬着的东西
不再是残冬的草，是
血，还有，毅力！

从此，旅途不再分割
疼痛不再属于土地
从此，黄河在搬动高原的时候
不再妨碍人民搬动生活
从此经线和纬线得以纺织，从此
世界又升高三寸牛气

现在可以休息了，我的兄弟
也不妨让流沙为你们做一件外衣
所有黄河大铁桥的桥身
如今，都已包裹着你们的牛皮
所以你们完全可以休息了
如果嫌流沙不够保暖
欢迎你们，直接
卧进我的生肖里

请三分雌性的黄河做个旁证

有你们为兄弟
是我们丑年生人
一生的美丽

黄河，禹门口

不能不钦佩大禹指关节的坚硬
一手掰住山西，一手掰住陕西
让黄河在这里侧身而过
就此一马平川

在这里，所有的风都是侧身的
放松前的那一刹，尤为气喘

我走下河滩，伸出手
从水里，摸着了伤口
从伤口，摸着了山

要告诫黄河，须忆苦思甜
此后，下河南，走山东，万勿大腹便便
哪怕偶尔撒欢，杂草似的讨饭棍也有可能
在芒种季节，栽满
全国的头版

大禹的十个指关节，至今
还在我的想象中发酸
他努力解放了一条河，但是没有人告诉他

中国古代史，还有近代史
真的有好几百页，被洪水浸烂
禹门，不是地理的伤口，也不是历史的缺憾
所有释放之后的伟大奔腾
都有一段可怕的溃烂

大禹把灯点燃，看着自己的十指关节
他看见了淤血
伟人的痛苦都在于功过
史书的最后半页，可能就是决算

大禹渡

大禹渡景区的董事长姓李，年轻人，写诗
表示愿尊我为师，做学生
我怀疑他的这份谦逊，就是从大禹学的

大禹当年就是怀着这份谦逊，在这里针灸黄河
他尊天下人民为师
他知道天下所有的治水经验，实际上都源自人民
说到底，人民就是水
这条黄河就是人民

甚至有个老者，在大禹面前的石桌上倒下一摊水，伸长手指
画条线，让水沿线流下
这就令大禹豁然开朗，即刻，由“堵”想到“疏”
这个战略性故事，就发生在大禹渡

有人说这个老者是神，是黄河鲤鱼之神
而我更相信这个老者，就是全体中国人民
就是大禹无数次的不耻下问

就是怀着这份谦逊，大禹先是握住黄河，再是
握住中国所有的江河，书写了
中国古代史

这个景区是黄河五十景之一，是大禹的一只脚印
每天，年轻的董事长都把自己的脚掌伸到脚印里
反复比划
而我知道，他不仅是在谋划如何再提升景区一个星级
他还想提升自己血管里的诗歌艺术

我估计他也快了
大禹的那份谦逊，不是谁都学得来的
李董事长的桌子旁边，就要
走近一位老者了

大禹渡的龙头神柏

在黄昏时分，我与这棵树感应了
这棵有眼睛有角的柏树，在我眼前
游动起来
它背后的云彩纷纷让路
而它脚下，黄河水温顺流动
没有声音，也像是一条龙的安详的样子

这棵树不成为龙的样子是不可想象的
中国所有的河流在大禹手里都最终成龙
何况，他亲手种下的一棵柏树

树龄已有四千六百年，碳 –14 做的权威测定
历代皇帝对它册封也是可以理解的
连植物都长成了天子的模样

我猜想大禹栽下这棵树苗之时的神情
那一刻，该也是黄昏
他水汪汪的眼睛里有黄河游动，龙鳞闪烁
他就是在这里治黄，而后才走向天下江河
他把所有暴躁的江河都拿捏成了龙形
这棵树，当然也听话，严格按照他水利蓝图的线条
发育生长
这棵树是大禹的儿子

也可以说，这棵树是大禹的有枝有叶的纪念碑
我伸手摸摸树干，很有龙鳞的感觉，以及
云彩的感觉、风的感觉

甚至，我提起笔，也想册封它一下
因此，有了这首小诗

运城鱼宴

来运城，主人好客，吩咐上鱼宴
半条黄河流过桌面

鲤鱼草鱼鲢鱼全都张着怪异的嘴
它们白白的眼珠子离眼眶已经很远

窗外，那浩瀚的黄河都快拖不动泥沙了
实在拖不动的，三块四块的就丢在河面，如弓起的鲸背
只有鱼，一条不丢
鱼是一条河爱情的宣言

也有七八条不愿继续奋斗的，这会儿
一起游上了我的餐桌，它们
各自组织了新家
新的家庭成员是生姜、青葱、辣椒、大蒜

一条河分成了两条
一条对付视觉，一条对付味觉
在运城，鱼选择河流已是常识，十分自然

我按规矩，把筷子插进黄河，当成划桨
以鱼作船
在运城，讲究的就是如何玩好黄河
今天这种旅游样式
称作鱼宴

桑葚黄酒，大禹渡的秘方

是日黄昏
面对滔滔黄河，浅酌当地黄酒
这就不能不让我这个黄姓之人，内心
翻滚黄河鲤鱼

出了我们浙江尚能喝到黄酒，已属少见
北方晋豫之地尚有百姓人家专酿黄酒，更觉稀见
而在运城大禹渡喝到桑葚黄酒，倍觉奇之又奇

酒味既醇且浓
记得上回专去绍兴咸亨酒店的本店，喝店堂特制黄酒
才有同类口感
莫非，大禹渡设了咸亨分号？

真相是，大禹渡景区为感念女娲娘娘以桑葚救济大禹的传说
特从台湾引入优质桑树五十亩
采优质桑葚，渡黄河，拜托对岸专酿黄酒的高手精制

敢情是，黄酒须亲自泅渡黄河
方成就我今日之黄昏？

此秘方旁人难仿
显然，要品尝特制桑葚黄酒，还得亲去山西大禹渡
邀黄河对酌，并且，最好
请黄昏作陪，别的时辰不要

寺底：中国楹联文化村

这个村子的村民，甚至，走路的姿势都有讲究
不是走成上联，就是走成下联

大田里，他们落下的锄头
也有平仄之分

村里的楹联学会，每天都要开会切磋
县上的文化老师，时不时下来指导
中国楹联学会的会长也跑来跟他们握手，还召集全国现场会
看看中国的楹联艺术，如何
有了一个农村户口

新的风俗形成了：
村民的升学、参军、婚礼，啥都不用送，就送楹联
就送中国文化最典雅的东西

离开寺底村的时候，我发现自己的步履格外稳健
两条腿的对仗，特别工整
送者都说，瞧你体魄多好，欢迎你常来
欢迎你参加我们楹联学会

西张耿村的白天，都是从夜校毕业的

西张耿村一千八百亩的梨树与桃树，知道又是谁，昨晚
在琢磨你们吗？
琢磨你们的青春期，琢磨你们的恋爱与结婚
琢磨你们的怀孕与分娩

在黑板上琢磨你们，顺着农业专家的教鞭琢磨你们
琢磨热爱你们的有机肥
琢磨透支你们的病虫害

西张耿村所有健健康康的白天，都是
从这个村的夜校毕业的
农民在课堂上，一遍遍计算
丰收与未来

毛泽东早在 1955 年就为这个村级夜校激动过
专门，为此作过批示
今天，我依然把这个批示，看作是
西张耿村毕业证书上的校方盖章

老支书告诉我，上一位授课的农业专家，前天刚走
他讲的是“梨树的防冻与授粉”
不仅这个村的村民，连邻村的都跑来了，都知道
白天的幸福，必须在夜晚画出草稿

村里一亩地，平均已能创收一万八千元
这个骄傲的数字，白天像桃子一样鲜亮
而到了夜晚，仍需被男女村民写在黑板上，再次推敲

也就是说，西张耿村的每一个白天
都必须全优
这是黑夜存在于这个村子的
全部理由

雷家坡村，夸夸咱村好媳妇

山西运城的好媳妇，以及一种中国精神，都是
被同一种口吻夸出来的

就让我在这个叫做雷家坡的村坊里
听听这一场夸媳妇比赛吧
公公可以夸，婆婆可以夸，丈夫可以夸
叔父可以夸，邻居可以夸
女儿可以替父夸，老年协会会长那是权威的夸

这么夸的时候，上台的媳妇一个个羞红了脸
同时，也会有一条又一条的黄河
在她们的脸颊上蜿蜒

那些村民评委，也是流着眼泪投票的
都说平时看不出，这舞台灯一照
家家户户就会有这么多的孝心，显出原形

有句话真不是说说的：
这个村子离舜帝陵仅十五里地，舜是德圣，是孝祖
德孝精神的这种根脉相连

可真不是说说的

评了几年好媳妇之后，又开始评好妯娌、好婆婆
评好妻子、好儿子、好孙媳
男人、女人与泪水，先后登台
麦克风里哽咽声声
那位舜爷，也在十五里外坐起身子，泪流满面

连年来，村里没吵架的，没告状的
村支书今天握着我的手，很是感慨
他说真没想到，原来，人是这么不经夸的
他说，原来，有这么多的善，在人心里做窝
一夸，全张开翅膀飞出来了

他又说，舜之所以至德至孝
可能当年，也是
左邻右舍夸出来的

闻喜县沟渠头村，农民锣乐团

村民杨吉龙拉了五十多个人打锣，说
日子要过就要过得响

花样鼓点十几个，人心与地皮一起打颤
真应了这个县的县名闻喜啊

二十多年了，徒弟打成了师傅，媳妇打成了婆婆

别的村羡慕：就他们日子响啊

这个村种药，四千亩地，三千九百亩药材
黄药、苦参、远志、何首乌、珍珠草、白芍
锣音都带药香，声名远播

一群锣锤，还打出了运城市“关公杯”锣鼓大赛特等奖
村民说，咱锣鼓文化也是一帖良药啊
日子好了，就该天天闻喜

锣乐团现在名声在外，每年的腊月还被邀去珠海表演
已演出千场，创收百万
祖国的南方北方一起闻喜，这日子
过得就对了

灵池村，家家户户的家训牌

走进村民董玉芳家，是一种踏实的感觉
虽说她家是贫困户
客堂间，我看见了金黄的栀子花与桃红的君子兰花
董大姐看见我们欢喜她也跟着欢喜，就马上讲起花卉来
脸上又是金黄又是桃红

然后，带我参观她的如花开放的卧房
参观整洁宽敞的院子
这些都是她安放幸福的容器
虽说她存折上的数字，并不厚实

最后，指给我看她大门上钉着的五颗星
爱国、守法、勤劳、团结、卫生
这五颗星，都标记在家训牌上
她家的家训内容是“勤为本，俭养德，善作魂，诚立身”
我看出来了，这是她养护的另一种君子兰

这村子，家家户户大门上，都钉家训牌
标记有五颗星的，已达三成，据说马上要到六成
再远的规划，是到九成
村里的带头人对此很有信心，他甚至举了周文王的例子

村名灵池，就是当年周文王筑灵台取土而挖的池子
周文王派他的弟弟在此考察淳朴的民风
后来《周礼》上的“孝老贵亲”一说
就是灵池村一带的考察成果

《周礼》抖出了五颗星，这我倒是头回听说
但我赞同这个联想
这类想法都是金黄色与桃红色的，一说
就闻着了香

四望村的农民剧社

抬眼四望，我望见了什么
拉幕、台步、亮相、婉转的感情、高亢的拖腔?

我还望见闪电和雷鸣
雷鸣由轰然的掌声组成，而闪电
都是老百姓热辣辣的目光

多好听的蒲州梆子
多好听的眉户戏
山呼海啸的农民，每一次，都想把他们抬到天上

他们自己却说，不图啥，就图一个高兴
就图一个奉献
就图开腔一唱，乡亲们拍红巴掌

四望村的这个农民剧社，全都是
自己拿乐器，自己置服装
自己编的小戏：
《山村女儿》《补漏》《好亲戚》《特殊陪嫁》
每天都是过年，每天都是庄稼打场

在万荣县四望村抬眼四望，我望见了什么
我望见晋南的农民，把自己
举到了舞台中央
昔日的帝王将相与才子佳人，都坐在小矮凳上
与成百上千的脸上有太阳的庄稼人
一起鼓掌，龙袍拖在地上

闻喜花馍

有点匪夷所思
一只普通的白面馍馍，竟然蒸成了
非物质文化遗产

蒸锅一掀开，能看见
中华人民共和国文化部的批准大印
热气掺和着惊叫

先要说的，当然是口感好
口感好是因为闻喜县的麦子好
海拔八百，昼夜温差大，日照时间长
因此，闻喜麦子的麦芒上，经常闪耀的不是阳光
是我们的馋涎

其次，吃馍要赏花
见的都是花，几乎不见馍
赤橙黄绿青蓝紫，整个春天都趴在花馍上
红，有可能取自于红辣椒
绿，一定取自菠菜汁
再次，是工艺好，众多的工序赛过一条数控生产线：
凝水、箩面、制酵、揉面、捏形
醒馍、蒸制、着色、插面花
这仅仅是九大工序，小工序还有一百多道
造一台汽车，也不过如此

当地人说，人生怎么离得开花馍
说，有事就有馍，有馍就有事

人生，就是花馍的组合：
节日花馍、婚嫁花馍、寿诞花馍
丧葬花馍、上梁花馍、乔迁花馍

今天我咬下一大口春天，心里老大不忍
不过，肚子里蝴蝶飞燕子舞，这感觉还是挺热乎的
对不起，从闻喜出来，我
有点花心了

闻喜煮饼

薄薄的扁扁的闻喜煮饼，我很喜欢
我很喜欢巨大的红糖甜蜜，藏匿在小小的香糯里
那天我刚咬下一口，不仅是味觉，是整个儿人
都闻着喜了

那天造访的是闻喜县某村的农民楹联学会
刚握上一群老者的手
其中一位就忽然递来一小箩煮饼
说饿了吧，辛苦了，快尝尝
顿时，我不仅是味觉，是整个儿人
都闻着喜了

不仅我闻着了喜，当年鲁迅先生也闻着了喜
他在小说里写："我提着两包闻喜产的煮饼去看友人"
就像现在提着茅台或五粮液

闻之大喜的东西，其实原料很简单：
芝麻、面粉、蜂蜜、小磨香油、上等红糖与白糖
不过，还要揉进一点历史，那就是它的雏形“闻太师饼”
当年伐纣大军的指定产品

不过，还要揉进一点深情厚意，那就是
村民递上饼子之时的憨厚笑容，以及
我的狼吞虎咽

在闻喜县“厚厨”吃野菜

感谢这个名叫“厚厨”的翠竹掩映的所在，让我
通过一只只轻盈的餐盘，得以相遇
凝重的晋南大地

晋南大地把自己的私房菜一盘一盘端给我：
蒲公英、榆钱、槐花、茵陈
这都是大地上稍一露脸马上就要收回去的东西
于是我的筷子像春风一样掠过它们

“厚厨”真是厚道，也真是机智，把这些
稍纵即逝的春天截留了
我的筷子上停满了燕子与黄鹂

这些天，不仅是我的双脚与双眼在感受运城的春色
现在，连舌头和胃都赶上来了

"厚厨"作证
晋南大地吐出的爱情，我已带走许多
而今天更为贪婪，竟以
肺腑的深度

（注：黄亚洲主席对山西情有独钟，多次到晋采风并创作出诗集《我扶着山西歌唱》。其间，他参加了晋城、大同、翼城等多场"著名作家看山西"活动。此次，他虽未参加"运城行"，但之前他已"捷足先登"，并写下了"走访运城"组诗，现经黄主席授权，选入本书。）

遥远的地方在眼前

□杨潘

远方总是呼唤着我，我喜欢远方，觉得远方有更美丽的风景，更漂亮的人。

河东文明璀璨夺目，去过运城几次，著名的旅游景点却没有去过几处，原因种种，我想最大的原因是运城同处山西一隅，太近了，不是我向往的远方。

这次七月走进运城，正是暑热之时，没想到一路伴随着凉风和细雨，一脚踏入了意想不到的"远方"。

首站到的万荣，万荣是一个有意思的地方，由历史上的万泉县和荣河县合并而来，这里几乎每个人都会讲笑话，是全国闻名的笑话之乡，接触过的万荣人都幽默有趣。这里家家户户都修着高大的院墙和院门，朋友告诉我，即使万荣人的房子盖得很小，院墙也一定很高，院门一定很大。门楣上都嵌着精美的石雕或砖雕牌匾，上有"诗书传家""惟精唯一"等等，颇有古风。万荣人志存高远，几乎每家工厂、每个企业的招牌都用世界级的名字，到处是"大世界"，像他们的笑话一样有趣。

在蒙蒙细雨中寻访"李家大院"。晋商闻名世界，"大院文化"在山西颇为兴盛，但站在200多年前的"李家大院"门口，看到匾额上高悬的"慈善世家"，想到将路人的是"广善门"，有种久远的古风立即沐浴到身上。

走进大院，首先感觉到大，这儿原有院落20组，现存院落11组，另有祠堂、花园等等，占地近1000亩，在山西的大院中首屈一指。但它大而大得精致，就像一位美女不仅身材窈窕，而且眼睛、鼻子、嘴巴，包括手、脚，每一处都引人注目。在李家大院重峦叠嶂的院落中，到处是精美的砖雕、石雕、木雕，几乎步步是景，处处可画，尽现晋南民俗的精华。李家经商走南闯北，又汲取了南方徽式建筑风格，在大院里可以看到南方式的天井和游廊、假山。这样南北融合的景观，放在任何一个大城市，也是一道美妙的景观，处在万荣乡隅的这个叫闫景的村落，有些"飞来峰"的惊艳。更让人称奇的是它其中一处院落中西合璧，既有中式院落的亭台花榭、雕栏玉砌，又有欧洲"哥特式"建筑的尖拱和肋架拱顶，至今保存十分完整。在晋南的山区，看到南方的建筑已让人惊叹，看到西方的建筑更是想象不到。它是院主李子用留学英国，娶英国女子麦克蒂伦为妻，回家后改建的。走在其中，有种时光漂移的感觉。正是这种敢为天下先的开放精神，使李家在李子用手中发扬光大，走向最为鼎盛时期。成为民族企业中一支重要力量。李家最鼎盛时期，生意遍及晋、陕、甘、宁、沪、京、津等15个省市区。李家媳妇王和君主管家族生意后，每年到各地商号巡查，从闫景村坐马车出发，每天行程60里，李家店铺沿路遍布，王和君只住自家店，只吃自家店铺的饭，直到银川城，这是多么靓丽而又让人骄傲的一道风景，要是用现代企业思维来考虑，应该是中国最早的连锁店形式之一。

随着日军侵华战争的爆发，1938年日军占领万泉县，李家生意开始衰落，但是关于李家善行的故事仍然在老百姓口中流传至今。赈灾、助学、抗疫、修路等各种公益事业中，均可见到李家人的身影。站在李家大院"百善壁"前，不同字体书写的365个"善"字栩栩如生，仿佛还在展示着李家人的天天行善、日日行善、永远行善。

李家大院这处民间建筑的瑰宝，让我目睹了晋商的辉煌，也领略了"善"的力量。后土祠这个皇家的祭坛，却让我走向更远的"远方"。

祭祀在古代是无比重要的一件大事，《左传·成公十三年》书之为"国之大事"。在中国最初的祭祀对象是"社"，即土地之神，也叫后土地母。而最早祭祀土地的地方，就在今天的万荣县。传说轩辕黄帝平定天下，在汾阴扫地设坛，祭祀后土地母。汉武帝时修筑后土庙，商议修建地址时，《史记》作者司马迁的父亲太史令司马谈提议建在汾阴县。他的家乡夏县与汾阴仅一水之隔，这里是黄河与汾河的交汇之处，自然是一处人杰地灵之所，而远古时期的汾阴，就是现在的万荣。

后土庙建成，汉武帝祭祀礼毕，泛舟汾河，留下一首流传千古的《秋风辞》：秋风起兮白云飞，草木黄落兮雁南归。兰有秀兮菊有芳，怀佳人兮不能忘。此后历代帝王多来祭祀，西汉宣帝、元鼎、成帝、哀帝和东汉光武帝，相继来此祭祀不下10余次。唐明皇先后三次巡幸，并将后土祠加以扩建，号奉祗宫。宋真宗三年，命人修葺后土祠，次年亲祭后土祠撰写了《汾阴二圣配飨之铭》碑，即萧墙碑，现仍完好地保存于庙内。后黄河改道，又决口，后土祠被黄河的泥沙淹没。到了清同治九年，荣河知县将此祠移迁于现在的后土祠，历经百余年，山门、井台、献殿、香亭、正殿、秋风楼等仍然巍峨屹立，与相继从黄河的泥沙中打捞出的碑刻默默讲述着古往今来的历史。

登上秋风楼，极目远眺，汾河与黄河波光粼粼汇入一处，天上白云翻飞，地上树木葱茏，河边水鸟翻飞，想起汉武帝祭祀时秋风起、草木黄、燕南归，已显萧瑟，现在一片繁荣兴盛气象。河流流经之处历来是文明孕育之处，这里两条大河交汇，一条是中华人民的母亲河——黄河，一条是山西人民的母亲河——汾河，诞生华夏文明自然不过。

从万荣到河津，一路大河逶迤。"津"在汉语中有渡口的意思，河津自然是河的渡口，而且河是黄河。来河津，直奔禹门口，也叫龙门。这里位于黄河大峡谷中，传说大禹治水，历时四年，带人凿通两岸悬崖峭壁，黄河水患才得治，人们为纪念禹的功德，称之为"禹门"，它地处秦晋重要渡口，便称之为"禹门口"。每年春季三月，鲤鱼逆水而上，跃登此门便化而为龙，故此门又为"龙门"。

黄河自北而南，在晋陕大峡谷中千回万转，出了壶口，经孟门、石门，来到龙门，河道猛然收束，最窄之处宽度仅八十余米，然后像一只紧握的拳头突然伸开，冲击出大片平原，现已变成千顷良田。乘船逆行而上，山门扑面而来，水面上泛着一个又一个漩涡，不断变幻，像一种象形的文字，演示着古代的神话和现在的传奇。第一次和母亲河这样亲近，也第一次见到这么窄的黄河和这么宽的黄河，古时候，这个渡口一定舟楫相连，人头攒动，现在铁索桥、公路桥、铁路桥已经连通两岸，天堑变通途，仅仅只是短短几十年的时间。

万荣、河津、稷山、夏县、盐湖区、芮城、永济，短短一周时间，不断在神话和传说中徜徉。去过许多地方，传说毕竟只是传说，在运城，每一样传说却似乎都有现实在佐证。在轩辕黄帝之妻嫘祖教民养蚕种桑的夏县，发现了人类历史上最早有人工切割痕迹的半块蚕茧化石，挖掘出4枚距今6000年的仰韶早期的石雕蚕蛹。在炎黄联盟与蚩尤大战的"涿鹿"(浊卤)，河东盐池现在还能产盐，在东下冯遗址中发掘出商代的盐仓，在公元前740年的"戎生编钟"上，铭文记载着"嘉遣卤积，卑潜征繁汤，取厥吉金，用作宝协钟"，即晋国用河东盐池出产的盐换取南方的铜。

还有黄河蒲津渡的大铁牛，光筑造之时就用去唐代开元十二年全国年产铁量的80%，现在屹立在黄河岸边，庞大的体量、精美的工艺吸引着南来北往的大量游客。夏县鸣条岗，由苏东坡撰写碑文，宋哲宗亲笔书写的"司马温国公神道碑"，已经沉浸了一千多年的历史，与《资治通鉴》一起熠熠生辉。芮城永乐宫，中国现存最早、最大、保存最为完整的道教宫观，珍贵的元代壁画与敦煌壁画并称中国古代壁画双绝，为研究元代社会阶层与民俗文化提供着第一手的资料。普救寺内的莺莺塔，还在见证着《西厢记》里面张君瑞和崔莺莺的爱情神话。解州关帝庙的香火不绝，关公的"忠仁义勇"成为中国传统文化的精髓。运城的宝贝看也看不完，从上古到唐宋元明清，运城保存着一条完整的文明画卷。

行程结束时站在鹳雀楼上，日头已经偏西，远处连绵起伏的群山笼罩在一片红光中，黄河也在红光中滚滚而去，想起走进运城见到的"漂亮"的人，想到了未来。

在一家制作青铜产品的公司，首先看到一座现代人物雕塑坐落在草丛中，它线条流畅，神态生动，圆滚滚的身上胖得油仿佛要流下来，马上让人想到当下富足安详的生活。走进展厅，"茅盾文学奖"奖杯、"金鸡奖"奖杯、"中国最佳导演奖"奖杯等金光璀璨，夺人眼目。这里是中国最大的青铜器制作基地，许多城市的标志性建筑都产自这里，他们与韩美林等国内一流美术大师合作，许多大师的产品设计好之后，就交给这里制作。企业家取得艺术家的信任，产品无疑如虎添翼。

在一家葡萄酒庄园，葡萄碧波万顷，长势喜人。参观过许多葡萄酒庄园，地理位置很是重要，这里显然在黄金宝地，再一打听，负责他们生产工艺的是西北农林科技大学。今年孩子高考，对这所大学了解颇多。这所大学的葡萄酒学院专业实力全国排名第一，在亚洲也是首屈一指，可以说是葡萄酒行业标准的制定者之一，所以这里的酒好也实在必然。喝了几口，果然醇香迷人。

最令人感慨的是位于芮城县古魏城城垣遗址内的广仁王庙。当年梁思成夫妇寻找唐代建筑的故事一直在心头萦绕，这里保存着一座唐代建筑——广仁王庙。面阔五间，进深三间四椽，没有内柱，周身共用16根檐柱，这是唐代小型殿宇常见的做法。站在它的面前，历史凝重感扑面而来。广仁王庙邀请清华大学建筑设计研究院进行保护开发。他们在保持广仁王庙大殿主体建筑不变的同时，对周边环境和建筑材料统一设计，没有兴建新的庙宇，而是引入现代博物馆、美术馆、艺术画廊的设计理念，采用特殊的纤维水泥复合材料，设计了一些既有当地黄土原色，又具后现代审美风格的开放空间，既保留和突出了唐代建筑，又延伸了景区范围，还成了一处学习参观中国古代文化的好地方。

"专业的事情交给专业的人来做"，是现代社会现代理念的一个标志，这个理念在运城已经得到很好的实践。强强联手，强者恒强。

想到一次次奋谋远行，没想到"遥远"的地方就在眼前——运城。

井冈山记

□黑陶

从井冈山火车站，到地理意义上的井冈山，还有30余公里。路况极好，光滑洁净的山中柏油公路，像黑亮带子，在蓊郁勃发的绿海中绕来转去，极易晕车。约40分钟，到达山中的茨坪镇。

井冈山，属江南境内的罗霄山脉中段。此山脉，分开江西、湖南两省，也是赣水和湘水的分水岭。

茨坪，长期以来的井冈山中心，曾是井冈山市委、市政府所在地(2005年4月才搬迁到山下新城区)，现在是镇的建制，海拔800多米。据说大部分当年的办公大楼均改建为接待场所。参天绿木中间，宾馆、旅社、饭店林立，俨然为山中颇具规模之小都市。所住七楼窗外，隔路是山，绿树负势竞上，时有鸟鸣；浓绿丛中偶尔一二株映山红，花红欲燃。

夜之茨坪，灯光明亮店门洞开的百货超市中，传出熟悉的红军歌曲。茨坪镇中央，为占地颇大的挹翠湖。夜树围绕，灯影璀璨，湖边空地上的喧闹广场舞刚刚结束。斜对面，就是夜色朦胧中的"茨坪毛泽东旧居"。

毛泽东在井冈山之时间，是1927年10月到1929年1月。位于茨坪镇中心的毛泽东旧居，是一栋土黄颜色的普通民房。在井冈山期间，毛泽东和贺子珍常在这里居住和办公。看到室内一张当年的照片，35岁上井冈山后的毛泽东，双目微陷，脸颊饱满，和眉毛同样浓黑的头发，清晰中分。

袁文才、王佐，同为1898年出生，是井冈山地方武装首领。对1927年10月毛泽东率部上井冈山，建立根据地，帮助极大。

这两位"绿林好汉"据说是一文一武。曾见过袁文才亲笔写给毛泽东的信札，文辞确实十分古雅：

"毛委员：敝地民贫山瘠，犹汪池难容巨鲸，片林不栖大鹏，贵军驰骋革命，应另择坦途。敬礼，袁文才叩首。"

毛泽东离开井冈山后，在1930年，袁、王被错杀。后均平反，追认为烈士。

此次在井冈山，有幸见到袁文才嫡孙袁建芳。袁建芳现为井冈山干部学院教授，戴眼镜，眉目和善，文质彬彬，已无觅乃祖绿林之气。袁建芳教授讲话大略：一、袁文才个人特点。疑心重，遇事总爱三思而后行；重视枪；劫富济贫。二、毛泽东如何改造袁、王部队。A.送枪。初识之时，毛即赠枪100条给袁。袁感其诚，当即回赠毛泽东部大洋千元。B.帮助消灭袁王仇敌。C.派出优秀干部到袁王部队，进行思想工作。

在茨坪毛泽东旧居，买《毛主席诗词》袖珍红皮书一册以作留念。书中正文前，有去安源、陕北窑洞前、开国大典、在庐山等众多我儿时熟悉的领袖像照。

遍翻毛泽东诗词，发现题目中有"井冈山"字样的，共有三首。其一，是1928年秋，毛泽东虚岁36岁时所写的《西江月·井冈山》。另外两首，是1965年5月22日—29日，毛泽东重回井冈山时所写。这两首分别是：《念奴娇·井冈山》《水调歌头·重上井冈山》。

其时毛泽东已经73岁，但内心依然"风雷动，旌旗奋"，挥手之间有"万怪烟消云落"之豪情。

确实，毛泽东超拔于常人。26岁，即有"沧海横流安足虑，世事纷纭从君理"之气度(1918年，《七古·送纵宇一郎东行》)。33岁，就在词中表示："怅寥廓，问苍茫大地，谁主沉浮？"(1925年，《沁园春·长沙》)气魄如此。

毛泽东于诗，于书法，均无愧于一代大家之称。但就他本人来说，似乎并无刻意追求，艺事之成就，只是他内在生命强力的余绪而已。稍分析一下毛泽东诗词特点，给我突出的感受，有以下三点。

一、惯用"万"字。格局宏大。

"万木霜天红烂漫"。

"万花纷谢一时稀"。

"唤起工农千百万"。

"万丈长缨要把鲲鹏缚"。

"一万年太久，只争朝夕"。

……

二、口语。举重若轻，藐视规矩，烂漫自由。用似乎不入诗的口语俚语入诗，直追辛弃疾一路文脉。

"梅花欢喜漫天雪，冻死苍蝇未足奇"。

"还有吃的，土豆烧熟了，再加牛肉。不须放屁，试看天地翻覆。"

三、俯视。

"背负青天朝下看，都是人间城郭"。

"洞庭波涌连天雪""我欲因之梦寥廓，芙蓉国里尽朝晖"

"云横九派浮黄鹤，浪下三吴起白烟"。

……

井冈山群峰耸峙。峰峦之间，大的平地称"坪"，如茨坪、茅坪；略小的平地称"井"，井冈山中有大井、小井、上井、中井、下井，合称为"五井"。这五个群山环绕、宛若井状的山间盆地村庄中，大井最大。位于茨坪西北面7公里处的大井，视野开阔，且气息清朗，此地也有毛泽东居所及读书石旧迹。

看了大井，去著名的黄洋界。黄洋界海拔1300多米，比茨坪高了500米。它连接湘赣边界，居高临下，扼居山口，是井冈山五大口(双马石、桐木岭、朱砂冲、八面山、黄洋界)中最著名的一个哨口。1928年8月30日，就在这里打响了著名的黄洋界保卫战。昔日光秃秃的战场，如今万木参天，绿海翻涌。哨口炮台旁，游人如织。此处旅游商品摊点上的蜜制柚子皮和蜜制映山红花瓣，以前从未吃过，口味独特。

茅坪距茨坪相对较远，有30多公里。与黄洋界同样著名的八角楼，就在茅坪。到实地，才知非八角之楼，而是普通私宅上的一处阁楼，因有一八角形的天窗，当地人俗呼八角楼。此屋原为当地名医谢池香私宅。

在井冈山期间，毛泽东常在茅坪居住、办公。两个名篇《井冈山的斗争》《中国的红色政权为什么能够存在》，就在八角楼上完成。茅坪一棵巨大的枫香树，裂石而生，印象深刻。在一位老婆婆的简易摊上，买两袋井冈山绞股蓝茶。在八角楼外，展示有当年的土枪和土制大刀。握起已经锈迹斑斑的大刀，试了试分量。

井冈山中的坝上村，是袁文才家乡。全村正在改造村貌，开发"红军一天"体验式旅游。在村中的水田之上，也建起了曲折的木质走道。坝上的"垃圾银行"很有意义，用积存的酒瓶、农药瓶、塑料瓶、旧电池、易拉罐、塑料袋等，可以到村中兑换站换食盐、肥皂、牙膏牙刷、洗衣粉等日用品。由此，村中非常干净，显现一种生机勃勃的新气象。

出村，在公路旁的深绿山中，寻找、瞻仰了袁文才烈士墓。还看了1928年5月，毛泽东和贺子珍举行婚礼的象山庵。此庵系清代建造，为湘赣边界名庵。因庵后之山，如象之形，得名。庵中侧殿，有若干展示。抄录当年毛贺婚宴菜谱、果碟，可见20世纪20年代井冈山乡间饮食风尚之一斑。

说到吃食，就会想到神山村的糍粑之香。糍粑，木桶内糯米在灶上蒸熟之后，倒入石臼，用木棰捣烂后拿出，用手捏摘成小块，在竹匾内混合黄豆粉和白糖的香甜粉阵中滚上一滚，入口，大香。在那户蒸糯米的农家的幽暗灶间，家中主妇正在用双手，在另一口滚烫的铁锅内炒茶。碧绿的野茶叶是清晨在山间摘来。揉抖，翻炒。手，鲜叶，发蓝的铁锅，锅底的火——窗外全是漫山遍坡的竹子绿影，而灶间的内部空间，已经渐渐浮溢如此清新、如此好闻的茶香。这是我个人难忘的一个井冈山记忆。

此处可听雨

□曾颖

友人吴静从江南来，我请她在大慈寺檐下喝茶，水落香起，茶开人悦。看看周围的竹椅木桌，以及檐顶蔓生的紫荆和野花，她舒心地说："此处该是听雨的好去处。"

她是高邮人，工作在苏州，与我喜爱的汪曾祺是老乡，而我与她喜爱的苏东坡，都是四川人，也让她有亲切感。我们是在大理的一次笔会上认识的，并一直交往多年，而今天的这句听雨，大大地拉近了我们的距离——因为我也是个有相同爱好的人。

少年时，对雨和雨声，我是不喜欢的，因为一旦瓦屋顶上嘀嗒声起，便不能出门嬉闹。父母总是在一句"下雨了，你往哪跑？"作为不容抗拒的禁令，结界一般将我封禁在小小屋子里，望天听雨，便成了主要甚至唯一的娱乐方式。那时候还不会识字看书，也没有收音机和电视，就只有在黑黑的小屋子里，听着雨声，一会儿如撒豆，一会儿如滚珠，一会儿如有人端着簸箩往下倒石子。一会又如成群的小鹿，呼啸而来，一阵乱踢乱跳之后，又呼啸而去，蹄音由整块到散碎，直至零落。我最喜欢的，当然是最后的这片结束之声，这就意味着雨小了，又可以出门了。

那时候，我并不懂得雨的妙处，更不懂得欣赏雨。我甚至不能理解我头顶上那片13平方米的瓦檐，于我有什么样的意义。我所感知到的，就是它的憋屈、压抑和禁锢，还有就是每逢雨天来自屋子各个角落声调、节奏完全不一样的滴水声，落在木盆里的低沉，落在瓷盆里的尖利，打在床顶塑料纸上的木然和打在灶间锅盖上的空洞……

只有妈妈的叹息，从来不变，永远是高一声、低一声，最后是长长一声叹气……

那时候的雨声，是苦难的声音。

真正喜欢听雨，是在初恋以后。谈恋爱的年轻人，总喜欢往人少的地方去，而我老家公园的一处碑林，自然是再好不过的去处。那时还不流行广场舞，碑林里常常只有三两个写字或打坐的人，我和那个在每封信里都会抄一首诗送给我的女孩，总在长廊的檐下，聊一些这个世界上永远不可能发生的事情——比如忧愁是不是可以锤成薄如蝉翼的诗，比如佛前五百年许下的愿是否会实现？那时，我们总相信一些奇奇怪怪的东西。那样的场景，很像多年后看到的《言叶之庭》，那绿树和静谧环抱的世界，既清净如水，又炽烈似火。

好的摄影需要光，好的爱情需要雨。这时，不期而至的雨，适时而来，整个世界，顿时变为乐器，任雨在上面，轻敲或重击。雨如幕帐，将我们围在碑林中央的古戏台上，我们并肩相倚，希望一场雨就是一生。

后来，我去了山区小厂工作，爱情和许多好东西，都离我远去。在长达七年的山区生活里，我独居在一间像监牢一般只有一排铁栅窗的小黑屋子里，守着一套电大语文教材，一本《白话聊斋》，一套《世界五千年》，度过了二千多个黑漆漆的夜晚，山里风疾，所有树都指向山外的方向，像我想离开的心情。那时候，我最爱做的事，就是独自跑到离厂子不远的大王庙檐下听雨，看春花秋叶飘落，听雨声和风铃在风中纠结，并在千年的青石上凿出岁月的痕迹。那时的我，还不懂得"静坐听雨"是一种境界，更不明白这份宁静对我心灵的滋养和修复作用。只觉得这样很舒服，每一滴雨声都由耳入心，给人安慰。

那时的雨声，于我而言，是一种药。

后来，离开山区，到城里打工，租住在郊区农民的家里，最喜欢的，就是听到由远而近的雨声，这意味着我可以名正言顺地给自己放半天假，在母亲怀抱一般的雨声中，婴儿般地补上拖了大半个月加班或赶工欠下的睡眠。当然，偶尔会有隔壁传来卖凉粉或烤土豆的小贩们因为不能出摊的谩骂和抱怨，但那时的雨声，是可以抚慰一切的，至少被失眠困扰的我，会在梦里梦到自己睡着了……

我过往的大半生，还在杜甫的草堂听过打在塘中荷叶上珠玉落盘的雨声。那是我和妻双双失业，在等待另一家单位的录用消息，我们在这座城市，连供秋风所破的茅屋都没有半间，但我们在檐下听到的，却是安得广厦的豪情与期待；我也在老家什邡百货公司的老单身宿舍里，听我的老师徐式文一边泡着脚，一边对着盈窗的雨帘给我讲诗，在浩大的雨声中，他两眼如炬，让我不要被眼前的雨困住，而应该把目光放得更远，这里面既有对我的鼓励，也有对自己的安慰，还有对整个人类的期许。我们像一老一少两个杞人，在漫漫无边的雨声中，担忧着人类的命运。那场景，既庄重神圣，又荒诞滑稽。

五十多年的人生，快得如一声叹息。如今的我，在历经了太多阴晴成败之后，依然对雨声，抱着亲切而欣喜的心境，如同我对每个朝阳和每一轮新月一样。我开始随遇而安地相信，风雨阴晴与酸甜苦麻辣一样，都是人生不可或缺的一种场景和味道，我开始对它们，一视同仁地报以欢喜，我知道，它们的存在与否，与我的意愿，没有多大关系，而我唯一能做的，只是选择与它相遇相处相别的姿势和心态，"竹杖芒鞋轻胜马""也无风雨也无晴"，有人说是一种潇洒，有人说是一种无奈。这对于雨本身，是没有意义的。

但我更愿意给那些本无意义的从气态到液态且正在发生位移的水，赋予一些美好的诗意。也更愿意，更多地碰到那些在奔忙的人生中，偶尔停下脚来，望望天或听听雨的人，听他们说声："此处可听雨。"并对他们会心一笑。

荷风　左汉桥(作)

桑树有三个好处(外一首)

□李强

茴香豆的茴字
有四种写法
桑树有三个好处

嫩嫩的早春
怯怯的桑叶
蚕宝宝的第一口奶
要找，要早
晚了就来不及了

三四月开花
五六月结果
桑葚拖着夏天
一口气奔跑
从绿变红
红得发紫

光阴的故事
成长的荷尔蒙
我爱桑葚

秋天来了
秋天还是来了
高大蓬松的桑树下
走着站着长大了的女生
她们在想什么
她们在讲什么
喊得出名字的
喊不出名字的
她们聚在一起
她们在一夜之间
长成芬芳四溢的大姑娘了

繁花似锦

在菜园
在农家小院
木槿花踮起脚尖
一小朵一小片
粉嫩嫩的
不似锦
似小姑娘头上的蝴蝶结

兰花稀少
九节兰更稀少
躲在密林泉边
度过青春年少
不似锦
似官庄的陈早香

二月至三月
似锦的繁花开了
田里的紫云英呀
三月至四月

似锦的繁花开了
地里的油菜花呀
四月至五月
似锦的繁花开了
满山遍野的红杜鹃呀
南风拂过河流山川
繁花们纷纷嫁人啦

春回江南
繁花似锦
懿虫、蜜蜂、布谷鸟
纷纷出来活动了
拎着扛着的乡亲们
纷纷出来活动了
他们活在画中
美滋滋的
一幅画，又一幅画
活在他们眼里与心里

公交车外的人间烟火

□晓夏

一个城市的公共交通是否便利，体现了这个城市的文明程度。我在心里自动把有地铁的城市归为"大城市"，而我居住的小城，至今也没有地铁，但这不妨碍我爱它。

家里早已有了车，但是因为每天早晨爱人送女儿去上学，方向与我单位截然相反，所以大部分时间我都选择坐公交车上班。有几条公交线路可选择，我坐得最多的还是15路公交车，不是因为它近，而是因为它会路过一片荷塘。

荷塘处于中心公园的一个角落里，紧挨着围墙，公交车从墙外经过时，人在车中处于略高的位置，更利于赏荷。特别是夏季，连片的碧绿荷叶，肩并肩密密地挨在一起，层层叶子之间点缀着荷花，微风吹过，荷叶与花微微颤动，仿佛风吹少女的裙摆。雨天最美，薄雾泛起荷塘，如沉睡的少女笼着轻纱的梦，如诗如画。

总有乘客惊呼：看那个荷塘，那么大一片哦！也总有人迫不及待地打开车窗，嗅一嗅微风送来的缕缕清香。我发现公交司机特别善解人意，每次有人惊呼时，都会特意将车开慢一点点。这一个小小的动作，真是特别暖心啊！人，是最能体现城市文明的载体。

公交车走走停停，人下人上，我望向窗外，每天都能看见一些生活的场景，美丽和不美丽的同时发生着，就像硬币的正反面，是小城最真实的面貌，我爱它的美丽、友善，也接受它的滞后、闭塞。

东兴站街边的早餐铺子，那么小，开得那么早，一碗粥，一笼包子，一碟小菜，一点一点地赚回自家人的"一蔬一饭"；远远地能看见永顺站那条街，早市上每天人头攒动，是一幅流动的市井烟火画卷；文化路车站上，有小城最大的中心医院，同样是人来人往，上演的却是人间另一场剧，真想天空顷降瓢泼大雨，把所有人的悲伤淹没。

车厢里，浮动着陌生的面孔，演绎着不同的故事，犹如微缩版的城市人生。有人闭目养神，有人低头看手机，有人大声接打电话，有人望着窗外发呆，有人谈论着日常生活里的喜怒哀乐。

公交车慢慢爬上坡，阳光照耀车厢，下一站停靠时，我就要下车了。

我对公交车的感情，会延伸到另一个城市。这些年没少去各地旅行，有人喜欢坐地铁、出租车，我却独爱坐公交车。独坐中，一览这座陌生城市的建筑风光，还因为它是当地人坐的，路过的都是当地人经常去的地方，与当地人同乘一辆车，费力地听他们说着方言，一知半解中，最能遇见不同的民俗、生活方式、市井味道，感受这个城市的脉搏。

我把这看成旅行中最文艺的事儿。它慢悠悠地行走着，像一位悠闲的老者，不疾不徐地给你讲述这个城市的古老故事。

难忘多年前去厦门的那次旅行，更难忘厦门万能的29路公交车，这条线路上有那么多经典的好去处。空气是甜丝丝的，生活节奏是舒缓的，民宿老板特意告诉我，要坐在车厢的左侧，那样会看到海。当那片海域快要出现的时候，乘客互相提醒着，而司机也如同小城司机那样，放缓了车速。记得那天旁边有乘客抿着嘴偷笑，不用说都知道，她是当地人，在笑我们少见多怪吧，就像我们偷笑来小城看雪的南方人一样。

随意跳上一辆公交车，随意在哪一站下，享受这样的出行时光，内心忍不住感叹：人间多美好！

夏日，我同一众文友行走在河东大地上。据说，我们所去的7月中旬，正赶上几天难得的清凉时节，细雨蒙蒙或微风吹拂，与我印象中的晋南的确大不相同。

作为晋人，我所生长的晋西北与运城所处的晋南，其实长期以来在地理交通上相隔甚远，文化习俗也是大相径庭。其后多年在省会太原工作生活，对晋地南北之自然条件、文化习俗、人情世故有了更多观察、比较的机会。这些话题似乎永远也说不完，它们本身就是世俗烟火中的一部分。

今天，时隔20年再次来到河东大地，那些丰富的历史遗存真的值得再次深入观赏，而我不由得会在观察中体味这里正在发生的变化，希望读出这片土地在经济、社会、文化等各个方面所取得的进步和飞跃。无论如何，运城是山西综合条件最好的区域之一，看山西人的精神面貌，看山西未来的发展潜力，运城不但具有代表性，而且具有领先地位。

旧地重游，我在亲切中也引发出一些思考。这是一片古老的土地，又呈现出无尽的新貌。在运城，只要开始列数过往，几百年、上千年、几千年，都会打开一个没有办法穷尽的话题。而且你会有一种感受，这里遇到的每一个人似乎都对此十分擅长，更为之骄傲。是的，102处的国家级文物本身就是证据，无处不在的历史遗存，灿若星辰的历史人物，丰富活跃的民间文化，无不让这片土地彰显出深厚的文脉，充满无穷的活力。但我同时又无法克制地这样认为：我们为历史骄傲，但不应迷失在历史的星光闪耀里。

可以说，同深厚博大的人文历史一样让我感到兴奋的是，今天的运城，是一片改革和建设的热土。这里的人们怀着奋斗的热情，创造的激情，努力地工作着，拼搏着——是的，拼搏，你完全可以感受到一种奋进的欲求，一种追求更高物质、文化和精神生活，实现更高理想的愿望。这种愿望和追求汇聚在当代运城人身上，这是最为宝贵的，也是新时代山西最迫切需要的精神状态。

河东如你所愿

□阎晶明

山西万荣后土祠秋风楼 资料图片

龙门：千年一跃的传奇

黄河沿晋陕峡谷一路下行，从河津进入运城。河津也是黄河冲出峡谷，走向宽阔、坦荡的起点。黄河因此在这里呈现出截然不同的风貌。龙门以北是地势狭窄、两峰并峙造成的湍急、凶险，一出龙门，则平坦、开阔，容姿也温和、平静很多。婉约与豪放就在此直观地展现在人们的眼前，构成一道独特的风景。乘船从龙门上行，不到半小时即可抵达黄河最窄处石门，这里的河床距离只有38米，由远及近，却并不给人压迫之感，反而更为黄河的奔流之速、两岸峭立的石壁、头顶白云的浮动三者造成的独特视觉感观深深地吸引，静谧中仿佛有一种神奇的力量推动着周围的世界，那是一种大自然的伟力，让人无法摆脱对它的神往和想象。

龙门是自然景观，黄河从此流经了不知多少个百万年，从黎明到黄昏的每一天，从盛夏到寒冬的每一年，从地老天荒到龙腾虎跃，所有改变只是造成不同的景观，一切都不会让黄河停止它奔流到海的脚步。也许正是因为大自然的造化太过神奇，几千年来与龙门相关的传说、故事从未间断，流传甚广。神话传说如鲤鱼跃龙门尽人皆知，半人半神的故事如大禹治水深入人心，龙门本身就还有一个名字叫作禹门，或禹门口、禹门关。如果登上位于河津一侧的大梯子崖，北望石门，南眺龙门，对于黄河的认识一定会有一种格外的升华的感觉，体会到一种难得的悟觉。

我们没有办法推测大禹究竟在龙门如何大动干戈，但我们可以亲见当代龙门人的奋斗与拼搏。河津市龙门村是黄河岸边的一个乡村，它因龙门而得名。而当代龙门村人也的确配得上这个荣耀之名。这里是河津也是整个运城地区最为富裕、经济发展最好的乡镇。大禹精神在当代龙门人身上得到弘扬。这里的工农业生产和旅游产业发展迅速，人们生活富庶，无不为自己生活在龙门这一胜景之地而自豪。行走在龙门景区，沿岸的景观正在重新打造中。表现现代革命历史的人物雕像及纪念碑依次矗立，一条沿岸修建的木栈道正在铺设，地老天荒之上势必会展现一种全新的面貌迎接八方来客。以强大的工业作为基础，这些蓝图一定能够实现，唯愿这些新造的景观给人们带来的是对历史的了解，是游览的便利，且一定要与自然景观相融合。

对于在自然景观上做添加动作是否应该和必要，历来都存在意见分歧。如果大禹真的在龙门上历经十三年劈山通河，造福万民，那么另一方面，从他那时起，人们已经对自然动了手脚，早不再是原貌了。今天来到龙门，赫然在目的已经不是河两岸的石壁，而是架设在其上面的大铁桥，它才是横在黄河之上的巨龙。这是现代交通之需，是龙门必须要接受的改变。遥想千年之前晃动的浮桥，甚至包括壶口瀑布处旱地行船的奇观，现代化进程中，我们在获得便利的同时，肯定也会少了许多古人曾经的景观鉴赏机会。这是矛盾，是对是错只能任人评说。不但是龙门，石门之上如今也架起一座桥梁，那同样是一条铁路桥。诗人、旅行家肯定会有不同看法，但社会的发展已是大势所趋。我们唯有希望，那人造的实物，无论造型还是色彩，与自然之间能最大限度地融合。

禹门口（龙门）黄河公路大桥 资料图片

龙门村这个黄河岸边的乡村，如今拥有3000多人口，每年依然能吸纳为数不少的大学生来这里工作和生活。这可能比"无忧无虑，真是田家乐"的传统景观还要重要。龙门村在发展经济的同时也在努力保护良好生态，打造宜居适游的环境。这种融传统和现代于一体的发展之路，或许才是我们最想要看到的吧。

河津是运城矿产资源最丰富、工业基础最好的县区。在很多人的印象里，河津就是一个以工业为主的城市。事实上，即使在河东地区，河津都是人文底蕴深厚、文化名人辈出的地方。仅仅说出司马迁、王勃、薛仁贵这三个名字，就足以让人惊诧。当然，由于行政区划的原因，王勃的故里通化镇早已属于隔壁的万荣县，而司马迁的故里现在已被认定为是陕西韩城。用河津当地朋友的话说，只有薛仁贵是无可争议的河津人。这也是一种无奈。就说司马迁吧，一句"迁生龙门"，几乎是为后世留下一个大迷局。晋陕峡谷让秦晋两地隔河相望，这种相邻相隔的历史演变中，发生过很多故事。秦晋之好是大势，但也时有一些属于地域文化方面的争执。韩城有司马迁墓，有一个叫徐村的村子被认为是司马迁的故里。我二十多年前曾经到访过那里。村子里的冯、同二姓，据说就是司马二字拆分后各自添加笔画形成的姓氏。两姓人视对方为自己的宗亲。

而在河津一面呢，从前也是有过司马迁墓的，而且本来有碑为证，后被黄河水淹没从而失踪了。河津的西辛封村，至今生活着很多姓司马的村民，他们世世代代坚信自己就是司马迁的后代。直至清光绪年间的《河津县志》，在人物类里，司马迁及其父司马谈都位列其中，被河津人视为本地最大的文化骄傲。龙门本来就是跨越晋陕两岸的，谁都有资格说自己是龙门的正宗，河津这边至今保留的龙门村名，就如同韩城那边留有司马迁墓一样，都是乡贤们坚称司马迁属于自己这一侧的铁证。其实，司马迁究竟生于何处，祖上又从何而来，这恐怕从来都是各执一词的吧。陷入这样的无休止论争实无必要。

如今的河津城，一座九龙塔矗立在河津市的制高点上，每到夜幕降临，九龙塔的灯光秀就会吸引众多游人、市民至此观赏。在灯光闪烁和音乐伴奏中，游人不由赞叹于河津的自然胜景、人文历史以及当代的创造成就。置身其中，我对新造的塔和灯光效果充满好感。传承和弘扬传统优秀文化，不是要人们抱残守缺，不是躺在往日的辉煌上面悠然自得，不是津津乐道于曾经阔过，而是要以当代人的眼光，当代人的抱负，面向未来的姿态，对传统进行创造性转化和创新性发展。就此而言，与其是争执一两位千年之前的名人究竟属于哪一个地方，不如学学先贤们的精神，做好眼前的事情，创造美好的未来。站在九龙公园的高台上，环视灯光璀璨的河津市区，让人心生感慨，更感振奋。只有拥有美好的现实，为更加美好的未来去拼搏努力，只有投入创造历史的进程当中，才能真正拥有过往的历史。

后土祠：两河交汇处的生生不息

在山西，万荣可能是一个非常特别的地方。这里是黄河与汾河的交汇处，山西的母亲河汾河就是从这里汇入黄河，汇入奔流到海的进程中。两河交汇，必是可以大做文章的地方。事实也果真是，位于荣河镇汾阴脽上的后土祠，是具有4000年历史的祭祀之地。立于后土祠的秋风楼更是名满天下。2000年前，汉武帝刘彻在汾河之上泛舟，写下了流传千古的《秋风辞》。汉武帝写不写《秋风辞》，秋风楼依然在那里，但是，"欢乐极兮哀情多，少壮几时兮奈老何"的感叹，那种沧桑和浑厚可以说穿越千年，激荡起多少人的哀与乐。秋风楼因为文学与帝王的双重影响力而声名远播。今天所见的秋风楼，位置和造型早已不是汉武帝时的情形。我记得20多年前来此参观时，当地朋友就曾介绍过，秋风楼本在黄河与汾河的交汇处，由于洪水的侵袭，秋风楼经过了六七次重修，冲毁再建，以此往复。现今的秋风楼为清同治年间所建，位置已离开两河交汇处数公里，并置于后土祠内，成为后土祠的重要景观之一。登楼而上，可见每一层都有石碑，同刻一首《秋风辞》。极目远眺，确有"念天地之悠悠"的感慨。

后土祠位于自轩辕时始设的祭地，从尧舜二帝再到夏商周，这里是历代皇家祭祀大地之神的神圣之所。后土祠是在原来的祭地之上修建的，建造时间正是汉武帝在位之时。它同样历经了多次洪水冲垮，一再重建，为的是保留这深重的文化密码。从轩辕时的扫地坛到后土祠，再到北京的天坛地坛，历代帝王对土地的敬畏，对大地之神的敬仰可见一斑。

万荣是一个传统农业县。这种传统之深，让你感觉到即使是故地重游，观察人们的谈吐、趣味，人们的衣着、饮食，仿佛依然置身在昨天的氛围中。万荣是一个具有独特文化标志的地方。万荣笑话应当是其里走得最远、影响日见其大的地域文化符号。我曾经到访过万荣笑话的发祥地谢村。四池八井十二巷，说明这不是个一般的小村落。村子的中心广场上有一株"柳槐树"，它是槐树，却长着柳叶，据说就象征着这里的一切都非同凡响。万荣笑话的精髓始终贯穿一个主题，这个主题是一股精气神，书面点说是固执、执拗，当地人把这种气质称作"ZENG"（四声），如何写却历来都说法不一。目前出版的万荣笑话图书，都用"万荣72ZENG"来书写。我记得曾读过一本当代版的《万荣县志》，里边把万荣笑话凝聚的这种耿直与执着，称为"咬定青山不放松"。也是一个很好的阐释。

万荣是一个文化底蕴十分深厚的地方，历史上涌现过众多文化名人。今天的万荣，亟待一次现代化的提速，以跟上时代发展的步伐。万荣的地域文化丰富多样，充满欢乐，但这里的人们同时也需要走出一方天地，眺望更远的地方，扩大视野，更新观念，以新的姿态和热情建设家乡。万荣的李家大院我这次是第一次参观，其阔大，其舒朗，其建筑风格的中西合璧，堪称壮观。李家大院的主人是曾经留学英国，并与欧人联姻后回家乡安居的。这个故事本身就代表了一百年前万荣人高远志向。在秋风楼东西走向的通道里，东面门洞的上面刻有"瞻鲁"，西边门洞上则对应着"望岳"一语。古时万荣人尚且有此眼光与胸怀，今人则更应高远才对。我们的先人尽管生活在农耕时代，却有着心系天下的传统。同在河东，同在黄河之滨的鹳雀楼上，王之涣一定是登高望远，心情难以平复，于是才会有这样的感慨："白日依山尽，黄河入海流。欲穷千里目，更上一层楼。"全诗就是一种希望看到更多、看得更远的欲求表达。"白日依山尽"固然是眼前所见，"黄河入海流"其实已是想象了，在山西永济是不可能看到渤海的。即使再上更多层楼，想要穷尽"千里目"，几乎也是不可能的。但人要有这样的志向，要有这样的胸怀。万荣这片热情的土地，一定会迎来更加美好的未来。

板枣文化·"青铜"制造

第一次来到稷山。稷山相传是后稷神农氏教民稼穑的地方，稷山之名因此而得。这也注定了它与农业、农村、农民不可分割的恒久联系。稷山的标志性符号是红枣，当地人称之为板枣。山西是红枣的盛产地，而稷山板枣又是其中的第一品牌。它的特点是皮薄、肉厚、核小。稷山板枣的种植历史已达两千年以上。这两千年的概念是，自汉代以来的枣树至今仍然存活，不仅还能结枣，而且可摘可食。自汉而下，唐宋元明清，历代枣树同在一园，共结果实。千年共食一颗枣，这不是传说，也不是奇观，而是伸手可得的惊喜。在枣林里，我们有机会观看了由枣农表演的打井、提水、浇灌的情景演出。不以文艺的标准要求，只感受那种热烈的氛围，表演者脸上的表情、手上的动作，就可以欣赏到劳动之美，田园之景。当地正在尽力打造红枣文化品牌，建起了规模宏大的红枣文化博物馆。其中既有关于红枣的科普知识，也有中国红枣的种植历史及地理分布，更有稷山板枣的详细介绍与展示。

红枣之于中国，可谓根深蒂固。从专业的研究角度讲，红枣的起源有两种说法，一种是起源于中国，另一种是多头起源说。总之都离不开中国。红枣的英文名字也很奇特，叫作"Chinese jujube"或"Chinese date"，中国元素不可剥离。而且从中国种植红枣的历史讲，其最早的种植地正是黄河中下游。稷山板枣，可谓是正宗的中国枣。

红枣中孕育着不屈和奉献的精神。这种精神自大禹以来，就凝结在中国人所认可的英雄人物的身上。我曾经研究过鲁迅的散文诗集《野草》。《野草》的开篇叫作《秋夜》，第一句是这样写的："在我的后园，可以看见墙外有两株树。一株是枣树，还有一株也是枣树。"这个关于枣树的陈述句震惊了很多人，近百年而热议不止。而根据有关记载可知，百年前的北京城，枣树似乎是最常见的树种，至少是最常见的结果实的树种。从气候、土壤、水文等条件而言，枣树的顽强的生长力，可能是人们选择它来种植的重要原因。鲁迅的寓所其实是个规模不大的院落，《秋夜》里描写的两株枣树位于"墙外"，是别人家的，据记载，鲁迅自己小小院落里，同样也种着两棵枣树。

红枣是北方植物，山西之外，山东、河南，以及新疆，都有驰名的红枣品牌。人们各取所需，选择的口味可以有多种。不过，来到稷山，方知穿越千年的枣树可以并列生长，而且都努力地结出红硕的果实，奉献给所需要的人们。这可真是对红枣亘古不变的精神最好的诠释。稷山也在全力打造板枣文化，提炼板枣精神，加强科学种植，摸索市场规律。访客到此，不但可以漫游枣林，与千年枣树合影，并且可以认领枣树，独享枣树开花结果的乐趣，感受板枣收获的喜悦。

离开稷山，下一站是夏县。夏县是中国第一个奴隶社会夏朝国都所在地，夏县因此得名。这里同样是人文荟萃之地。历史上的著名人物，一是东晋女书法家卫夫人，一是《资治通鉴》的作者司马光。司马温公祠是一处保存十分完好的胜景，内中不但有司马光父子、兄弟的墓地，更有号称中华第一碑的奇特景观。号称"中华第一碑"的原因之一是碑体的硕大，通身超过8米之多，即使截成四节摆放，也如一面墙一样十分宽大。更重要的，此碑乃宋哲宗题额"忠清粹德之碑"，碑文则是与司马光同朝的苏东坡所撰，珍贵之极，堪当用一层楼来专放。我20多年前至此一游时，这里确也像个私家祠堂，古朴的建筑群落在乡间安置。如今再来访问，古朴的味道没变，但周围的环境却完全不是当年模样，大树参天，郁郁葱葱，芳草萋萋，野花盛开，真让人有一种美不胜收的愉悦。

在夏县人心目中，鸣条岗是个吉祥之地。这条横亘于县西的丘陵地带，具有深厚的历史传统，发生过众多历史事件。今天的鸣条岗，则是夏县经济发展最好的区域，在夏县发展势头良好的企业，大都坐落在这一区域内。我特别感到欣喜的是，之前时常从艺术家韩美林、吴为山那里听说的专做青铜艺术品的卫恩科先生，得以在此次访问时相见。同行的文友们一路看来、听来，无不惊讶，那么多精美的青铜国礼，那么精美的大师雕塑作品，那么多熟悉的城市地标性雕塑，原来都是在山西夏县这么一个居于乡村的企业制造的。因为大家都是来自文艺界的，看到近二十年来许多国家级文艺大奖的奖杯，同样都是夏县制造，更是惊叹不已。这样的制造之所以能够走向全国，走向世界，与这片土地深厚的文化肯定有着内在的联系，同时也与当代夏县人矢志不移的努力、勇于创造的意志、不断开拓的进取、广泛交流的热情有着必然联系。从这些人身上，我听到的都是充满自豪、自信的表达，看到的都是前程似锦的景象。我想，悠久灿烂的历史、深厚的人文底蕴、星光耀眼的人物，这些既是我们文化上的骄傲，更应成为当代人前行的动力。只有胸怀远大，眼光向前，朝着未来的目标去扎实努力地奋斗拼搏，历史的底色才会在当代发散出更加耀眼的光芒。运城人正在朝着这个目标努力，也在这条道路上稳中求进。有着数千年辉煌历史的河东大地，正在开放着面向未来的希望之花。

（作者系中国作协副主席）

在山西万荣庙前村拍摄的汾河与黄河交汇处 新华社发

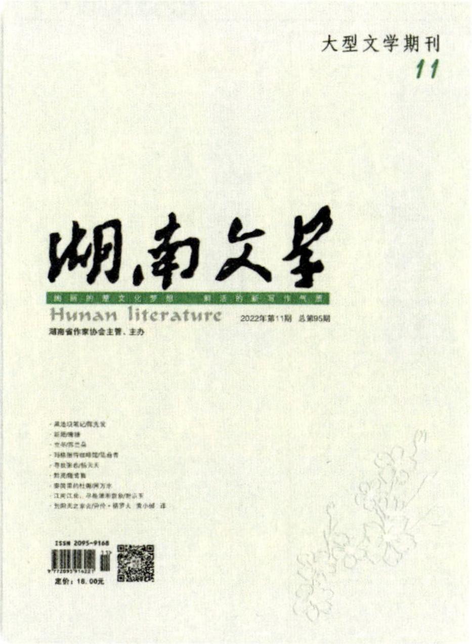

鲁顺民

稼穑河东

挑了个盛夏日子，跟朋友们前往运城。在运城几天，居然天天有雨，难得凉爽。私下里偷笑，但不敢声张，生怕惊动了老天爷露出大太阳，将河东地面的烟蒸酷热再复习一遍。也不全是因为天气原因，每一次来运城，都不大敢宣传。车由太原越过韩信岭，经过临汾，经过襄汾，经过新绛，左手吕梁，右手太行，汾河水哗啦啦贯流其间，山川形胜已经足够让人屏声静气，更不用说脚下的无名小路，都可能跑过汉武帝、唐太宗的车辙，踢起一块碎砖，都可能藏有盛唐飞天某一瞬间的身段，寻常巷陌，说不定就与哪一个成语典故不期而遇，所以需要格外小心，甚至警惕。

运城朋友热情，运城作协主席李云峰，进门笑眯眯，出门眯眯笑，见面就问：回来啦?！仿佛迎接回乡探亲的兄弟。事实上，每一次去运城，莫不怀着探访故友的心情，重温那些旧迹。尽管是重温，也不敢轻易放胆发言。何况，这一次结伴而行的，都是来自全国各地的作家朋友，他们的知识储备，再加上首次进入的陌生感，随便拿出一个典故当钥匙，去叩击任何一座满布苔痕的老墙，说不定一扇历史大门会訇然打开，回响深沉。

一路结伴，并不轻松。

但最终还是轻松下来。轻松下来，并不是遍及古河东大地上那些举世闻名的地面遗存，而是这些著名文物边上的现代农业景观。旱作小麦麦苗青青，设施农业蔬菜大棚在塬面和滩涂随处可见，优质运城苹果早已名声在外，酥梨、江石榴、葡萄、油桃、山楂，特色水果花色不同，桃花谢罢梨花开，千年老鹳边上是欧陆风情的葡萄酒庄，葳蕤、茂盛、生机盎然，琳琅满目，应接不暇，让人兴奋的，也是让人感慨的。

于是，不止一位朋友发现，教科书式印象里的河东平原，居然不平，山川相连，山是大山，川乃大川。何止不平，这样一方富庶之地，居然深处黄土高原腹地。闻名天下的"山西粮仓"真的在这里吗？

其实，也正因为古河东并不像华北平原、江汉平原那样一望无际一马平川，才更像是河东平原，否则，包括让人流连忘返的那些名胜古迹也应该是另外一个样子。甚至，华夏文明也可能是另外一个样子。山西一省，表里山河。表也是山，里也是山，表有河，里也有河，如一柄桑叶的山西版图被大自然雕刻得气象万千。这种地貌特征在河东大地体现得更是淋漓尽致，更兼"南风之熏兮，可以解吾民之愠兮。南风之时兮，可以阜吾民之财兮"，运城盐池向为国家重要财税来源，古河东的历史地位更加突出。

大致上讲，古河东为三山夹两川。吕梁山与黄河结伴而行，在河津县禹门口依依惜别，然后在古河东北部停住脚步，万山丛列，静静伫立在一片青黛色的雾霭中，俯瞰汾河水由北而来，顺着山脚奔向黄河。南边，则是巍巍中条山。中条山东接太岳、太行，由东北向西南横亘而下，中条山、崤山、华山三山合璧，硬生生要将南流的黄河东折转向，过风陵渡，过三门峡，再过小浪底，前面就是泱泱中原大地。中条山北侧，又涌出另外一条河流，这就是涑水河。

汾河和涑水河的分水岭，叫峨嵋岭。这道峨嵋岭，便是三山中的第三座山。许多人并不清楚这道黄土大岭，也不奇怪。它隔汾河与吕梁山眺望，却不及吕梁那么高，简直就是不起眼的土台子；越涑水河，远远望见中条山青黛色山峦，却没有中条蜿蜒连绵，由东北而西南，长度也就百里出头一点。在运城老百姓嘴里，则更加寻常，干脆就叫坡上。跟老百姓套近乎，就问：坡上的还是坡下的？老百姓一听就知道眼前这个家伙是知道自家底细的，愿意跟你拉话。坡上坡下，说的就是这道峨嵋岭。地理学名命，则将这道黄土大岭称为晋西南峨嵋台地。峨嵋岭不显山不露水，但这是条了不起的黄土大岭。它的主峰有意思，叫孤峰山，老百姓叫它作孤山。说它孤，也真是孤，孤零零数座山峰矗立，周边则黄土漫漫，沟壑纵横。据当地老百姓讲，上古女娲补天，剩下一块石头没地方放，随意丢在这里，所以孤零零的，无牵无连，无依无托。如果持航拍机拍摄，孤山之孤会看得更加清楚，兀然高耸的孤峰山，像一株亿万斯年石化的参天大树，周边的沟沟壑壑，阡陌村郭，如同大树四下延伸的根系，茁壮而茂盛。

三山夹两川，北吕梁，南中条，峨嵋岭界分汾河与涑水；两川，则为峨嵋岭北侧的汾河谷地和南侧的涑水冲积平原，亦名运城盆地。有意思的是，今天扑入视野的现代农业景观恰恰以峨嵋岭为中心，向南北两侧辐射开来。峨嵋岭上，本来就是上古农业最发达的地区。峨嵋岭纵贯运城版图，向西直抵黄河岸头，在万荣县庙前村，俯瞰汾水汇入大河，土脊高处，就是汉武帝吟诵《秋风辞》的后土祠。后土配天，向为国家祭祀的重要场所。而峨嵋岭另一头，则有两处稷王庙，都是国家重点文物保护单位。稷王庙里供后稷，后稷教民稼穑所在，正是在峨嵋岭的黄土大塬上。

现代农业景观让人目不暇接，眼花缭乱。你会发现，目不暇接和眼花缭乱的背后，现代农业依然沿着上古农业的路子在铺排。尽管现代化进程加快，城市化步伐加快，农业景观呈现出与过去完全不同的面目，但我宁可将之理解为传统农耕历史在新历史条件下的演绎。

四大文明古国，古埃及、印度、两河流域，还有华夏文明。当其他三大文明开始衰落的时候，华夏文明却在干旱的黄土高原生机勃勃。其他三大文明的初始农业，都是利用河流泛滥形成肥沃的土壤而生，其发展的基础是灌溉农业，唯独华夏农业是旱作农业。

峨嵋岭两侧，尧都平阳，舜都蒲坂，禹都安邑，旧石器和新石器遗址堆积，乃华夏农耕文明重要发祥地之一，也是促成华夏文明由发轫到成熟的重要地理单元。我们常说，黄河是华夏民族的母亲河，这个说法对不对？对，也不对。考古发掘信息一再证明，从仰韶时代诞生的华夏农业文明，恰恰与这条大河的关系并不太大。黄河主流岸边，鲜有上古文明遗迹存在，古文明遗迹几乎都深处黄河支流，甚至支流的支流上。为什么紧挨着这条大河，却没有诞生灌溉农业？这是因为，黄河泛滥有两季，一为春天的桃花汛，一为秋天的洪水季，所谓"秋水时至，百川灌河"。古河东地区黄河泛滥的时候，也可以形成相当面积的冲积土地，但两季泛滥，一季正当播种，一季正当收获，节奏上并不合拍。大河支流和支流的支流流域，常常处于黄河的二级或者三级台地，方便日用汲水，又没有洪水侵袭之虞，上古农业文明常常在这些小河小水边大放异彩。黄河支流渭水、汾水、涑水、泾水、湟水，甚至更小的支流恰恰满足这些条件。

再说气候禀赋。黄土高原的气候特点，就是干旱，蒸发量大于降水量。所幸年降水量恰好满足农耕发展之需，而且降水常常集中于夏季，先人们只能小心翼翼地利用随四季旋律分布的降水节奏，徐徐展开文明画卷。

说起来特别有意思，直到清代中期，将近万年立农的历史，运城地区和其他北方重要的传统产粮区，粮食种植，仍然是上古时期经历千辛万苦选育出来的品种，且品种繁多，但在较长的一个历史时期内，黍、粟、稷几个有较高水分利用率的耐旱品种一直是主要粮食作物。这些粮食品种常常在山西不同地区，与上古传说相对应。神农尝百草，炎帝育五谷，舜帝耕历山，后稷授稼穑，嫘祖教桑蚕，描绘出的是一幅上古旱作农业图景。在这个过程中，还不断改良、驯化、繁衍外来品种，使之适应旱作农业耕作，最终成为耐旱粮食作物。比方，现在已经成为主粮的小麦。麦作为粮食生产，本源自两河文明和古埃及文明的灌溉农业，很早就传入，所以，原生粮食品种，都带"禾"旁，而独有麦，则由"来"旁构成，表明其为外来植物。《诗经》里计有五处提到麦子，那个时候，麦子是配角的配角，到汉代，这种灌溉粮食作物被一再改良驯化，适应黄土高原旱作农业，逐渐成为主粮，以至于原生的黍、稷、粟退居其次变成小杂粮。

旱作，被学者称为华夏农耕文明"生物学特质"，娘生胎带，先天如此。直到今天，峨嵋岭上旱作小麦、有机蔬菜、优质果品，还有食用菌大棚，仍然没有脱开旱作这一先天特质。从上世纪五十年代开始，沿黄河各县修筑了许多大型电灌站，在山西省水利史上占重要篇章的，就有禹门口水电站、夹马口电灌站、大禹渡电灌站，大功率，高扬程，动力汲水，沿河各县受惠多多，灌溉面积大幅增加。现代手段的这种改变大不大，肯定很大，但也肯定有限，传统旱作农业方式仍然是主体。运城如此，山西全省也莫不如此。

你不得不说，这个旱作农业传统，实际上是开放的，包容的。它的生命力是如此强大，它的兼容并包的气度又如此让人感慨，上万年的旱作农业传统，是怎样将一个民族支撑到今天，也不难想象。

运城地区地上文物富集，有一百零二处国保单位，几乎都是元代之前的地上遗存，其数量居全国市一级地域之首。在漫长的历史进程中，西安、南京、洛阳、开封，甚至北京，这些数朝古都的地方就不兴土木或建筑就少吗？显然不是这样。秘密仍然在黄土高原的气候那里，没有干旱的气候，再多的地上文物也难保存下来。

这样，你的目光自然会再次聚焦到纵贯古河东的峨嵋岭上。峨嵋岭，古称晋原，亦称太原，黄土厚积，有大塬可供耕作，界分汾涑，有水可供汲用，旱作农业在这道百里大岭上长袖善舞，或者说，这道大岭天然地为旱作农业提供了广阔的施展舞台。显然，这道大岭不仅仅是原始农业诞生、发轫的重要区域，其重要性在其后漫长的岁月里，也显示出它在文化上的重要地位。万荣县、稷山县的稷王庙，一再重修，壁画描绘后稷教民稼穑故事，旱作农业从烧荒到耕耘，从播种到管理，再到收获，还有抗旱、抗雹、消灭病虫害诸般，被一代一代画工精心描绘和强调。有这些强调，传统旱作农业在运城对于一个民族的历史进程发挥的作用就不言而喻了。

朋友说，照你这么一说，古河东的文明，是旱地里种出来的吗？

我言道：可不是！就是旱地里种出来的。

责任编辑：吴 缨

壁上乾坤

葛水平

一

一直以来有一个心愿，想去运城看永乐宫壁画。

如此倾情于永乐宫壁画，并非出于某种信仰。壁画是一个时代久远的记忆符号。记忆，在时光流失中，年复一年，消逝和呈现，它使一切渺小的东西归于消灭，使一切伟大的东西生命不绝。

河东大地有华夏文明独知独享的绚烂，在古代，整个内陆版图就像围棋棋盘，山水纵横，关中、河北、东南、四川是四角，中原为中央腹地。这里主要是泛指，作为一个独立的地理意义上的单元，华夏文明诞生之地都有一些地理上的险要之处，比如山，比如水。都是以山为隔，以水为分。飞禽择木而居，是天之道。人择水而居，则是刀耕火种以来，从大自然的丛林法则中得到的吃堑长智。

河东大地上，中国历史发展的主线很清晰，五千多年的轴心，华夏文明的起源地，从上古到现在，河东大地可说是：忠烈豪强聚族而居，富贵荣华志在河东。

惊愕并感慨时光的一再缺场，终于在2022年7月成行。7月，河东大地一片青绿，远处黄色的黄河水，有一股渺远的寒意，麻雀在树丛乱掀，夕阳悠悠垂地，最后的晚霞映得天边一片火烧，夕阳中的黄河水也渐次模糊，而另一种精神之途的苍茫也流溢在我的目光中。

对生命与对事物的理解，我始终坚持人类需要面对一条大河。只有了解了人类停歇下的环境，才能真正认识人类本身。黄河，整个流域所伸张的根根系系，它在流过北方广阔的疆土时，也贯通了汉民族生长的血脉和思想的品质。

史书记载当黄帝联合炎帝战蚩尤于涿鹿之野，可说是人类历史上第一次大规模的部落战争，其结果不仅是使黄帝牢固地控制了河东盐池，更为重要的是使黄帝与炎帝的部落得以融合，成为了华夏民族的始祖。之后尧都平阳、舜都蒲坂、禹都安邑，他们的建都之地都靠近河东盐池，在物质极为贫乏、商品经济极不发达的原始时期，河东盐池无疑为早期的人类提供了生存的希望。

从春秋到秦汉，有表演歌舞、滑稽、杂技、散乐、木偶戏的出现；隋唐、五代戏曲逐渐形成了，有了表演形式的参军戏，尤其是唐玄宗在长安还设教坊、兴梨园，招收梨园弟子，河东闻喜县的礼元镇就是因唐代曾有梨园而得名。宋代已有杂剧活动，到元代，杂剧日趋成熟，达到高峰。河东的锣鼓杂剧更是盛极一时。明朝初期，蒲剧出现萌芽，也称山陕梆子。蒲剧不仅在中国戏曲舞台上占有重要地位，影响衍生了众多梆子剧种，称蒲剧为梆子戏鼻祖当之无愧。河东戏剧历史悠久，剧种多样，艺人云集，戏剧活动广泛普及，此地被誉为“戏曲之乡”。它是河东根祖文化中的一枝奇葩。

在漫长的农耕社会里，神灵常是统治者用来控制人心的法宝。统治者极需要找一个能被最广泛阶层普遍接受的精神偶像，深明大义、忠贞不二的关公就被推到了人前。关公文化的核心精神，是以关公的“所有行为”形成的忠、义、仁、勇。关公成为一个超时空的各种美好形象的道德代表，并以“神”这个特殊的文化形象扎根在中华文明史中，与我们民族千百年同在，历尽风雨而永不泯灭。

造化钟神秀，地灵蕴人杰，年复一年，人类发展进程中掀起过的惊涛骇浪，就这样在河东大地上消逝并再度呈现。

二

当我看到永乐宫无极殿壁画的那一刻，我似乎忘记自己是走在时间里。

被咄咄逼人的神秘包围着，壁画缄默无言，又显得那么生动不加装饰。庙外，众鸟永远悠闲着一种姿态，庄稼轮回着节气，物质的世界醒着。庙内，手艺人把恒永的快乐定格在墙壁上，任岁月风云变了又换，任人生来了又去，一概不惊，拈花微笑。

假如黄河是中华民族的脐带，那么永乐宫壁画就是黄河的童谣，就是水陆长梦的驿站。

元朝的贡献，是在河东大地留下了永乐宫壁画。

14世纪是元明两个朝代，元朝是中国历史上由蒙古族建立的帝国，如果对这段漫长的历史之路回溯，循着四季轮回，相对于明王朝建立之前的纷乱，元更适合于以梦游的方式潜入。秩序和梦想的渴求，人心的内敛和充沛，赋予了与其相伴的游思一种深切的惬意。一个时代的趣味，于物中超物，于意中归于无意，无巧无俗，本真天性，那这个时代必然会留下一些神秘的景象。

有人说永乐宫壁画是旷古之作。当我看见时，突然明白，在这个生命内部缺乏秩序的世界上，每个人都应该学会做一个真正的赏读者，而每一件事物也都需要真正的赏读。永乐宫壁画赋予了人世间独特的美学价值，其画面更是具有纪念碑的意义。

此刻，我感觉到了近800年前，元朝皇帝的一纸敕令，借着纪念、尊崇全真道始祖级神仙吕洞宾，用来弘扬、扩张获得元廷支持的道教威势。工匠将道教推向了无与伦比的社会顶峰。

依然能够看到唐、宋以后盛行的吴道子“吴带当风”的传统，而且准确地表现了衣纹转折及肢体运动的关系，难度极高。在用色上，采用了传统的重彩勾填方法，以墨线为骨干，再填以金、朱红、青绿等色，配搭和谐，有些部分甚至还用了“沥粉贴金法”增强了质感的对比。画像的立体感和辉煌的气氛在800年后，华光与喧嚣已经消歇，依然能让人感到强大的气场扑面而来。

从绘画的兴盛来讲，六朝的绘画讲究神韵，宋代的绘画崇尚寒荒，元朝的绘画追求逸气，明朝绘画体味禅意，清朝的绘画钟情空寂，画的灵魂都在精神层面徘徊。壁画艺人从历史深处走来，他们身上没有书斋文人的那股酸劲，画是他们的生存之道，来自民间的青绿山水养育了他们的性子，艺里艺外皆是艺，不媚俗，不肯降格以求，感情上一直信守着一个“艺”字，在安宁的温馨里孤寂地体验人生的喧嚣和繁闹，墙上的风景就是他们心里的风景，那种沧桑的美和随意的意境，朗照一切并洞穿一切。

永乐宫1005.7平方米的元代壁画，让我想到了“五更三点望晓星，文武百官上朝廷。东华龙门文官走，西华龙门武将行。文官执笔安天下，武将上马定乾坤。”这是安定团结同在的一种宇宙观，有光整的社会秩序在里面。

三

时间可以把什么都改变，时间本身却永远是一副没有表情的模样，似乎只有这样才足够盛载悲喜。

1952年，山西文物普查，在黄河岸边发现了一座不知道叫什么名字的道教宫殿。尽管宫院和殿堂残破，杂草丛生，遍地是鸟屎畜粪，殿内的壁画不但多有残缺，还有许多刀划钉损涂鸦的伤痕。但，时间在亘古不变地前行中，总有慧眼生出。笔底风光，画匠不是在画，而是在用画笔和颜料负载苦难的重压，告示生命的宏大叙事。

这一发现迅疾震惊了文物界、考古界和美术界。

正当专家学者你来我往，各自从中发现、汲取所需要的宝贵营养的时候，国家已经做出了一项治理黄河的重大决策——修建黄河三门峡水利枢纽工程。新中国百废待兴，确定在晋、陕、豫三省交界的三门峡修建大坝，以此治理黄河水患，为下游提供电力资源。

永乐宫正好处于规划的水库淹没区内，面临着将要被淹没的情况。

榫卯结构连接的中国古代木结构建筑，在原理上还可以做到拆开重新组装，那么要想把画有两三米高人物的大面积壁画揭下来，再迁移走，还要做到不损坏壁画，这是一件不敢想象的事情。国家希望借鉴欧洲的壁画保护技术来保护我们的壁画，于是便请来了“洋老师”——两名来自捷克斯洛伐克的壁画专家。

论证会就在永乐宫大殿召开，洋人提出的方法是，利用化学药水软化粘取石头墙壁上的壁画，用胶布把软化的壁画画面粘下来。翻译讲：“这只是一个实验性的想象方案。”会场顿时一阵哗然，拿中国元朝的文物做试验？

永乐宫壁画是绘制在黄河沙泥涂抹的墙壁上，经历岁月本身结构就很脆弱，几百年寒暑，粘力和刚度大减，极易损坏。如何能使壁画搬过去再复原起来，对于当时条件来说，中国古建人员一点把握都没有。如此，只好先临摹下壁画，将来迁移当中一旦有什么闪失，也好作个恢复的依据。同时，还决定拍摄电影、照片等影像资料。

1958年，国家先派来了美术界的精英，中央美术学院和美院华东分院国画系高年级的60多名学生陆续到达，带队的老师则包括了美院副院长陆鸿年、叶浅予、邓白等。他们的任务，就是将永乐宫上千平方米的壁画按照原样临摹。

壁画要想最大限度地保存原貌，最好的办法是割下来。经过反复勘察研究，决定根据画面情况，以最少损坏人物形象、从不重要的画面部分开缝3-5毫米，切割成2-4平方米到10平方米大小不等的切块。

对于总面积1000平方米的壁画来说，这将是个繁复的工作。

搬迁永乐宫，没有任何借鉴，一切都得首创。没有现成的工具，他们便“自创发明”。今天，走进永乐宫新景区西侧吕公祠院内，一眼就能看到，东侧一排厢房的正中门框上方，挂有一块书写“永乐宫拆移展览室”的牌子。展览室内最突出的位置上，摆放有几个“奇形怪状”的物件，有的像个椅子，但座位中间是空的，里面装着齿轮；有的像个磨盘，磨盘却是木头的，上面挂着锯条。当我们问及这些物件的名称时，讲解员说：“这些工具都是当年技术工程人员自行设计的，他们就是用这些土工具将壁画从墙上割下来的。”

在揭取壁画过程中，永乐宫大殿门口张贴出了“和黄河水赛跑”的标语口号。运输壁画的车必须减低轮胎气压，像蜗牛一样缓缓前行。就这样，341块壁画，整整搬运了40天，如蜗牛缓行和黄河水赛跑。

1998年，永乐宫被列入世界文化遗产预备名录。

按照联合国的相关条款，被搬迁过的历史建筑，本来是没有资格申报世界文化遗产的。但是堪与敦煌壁画相媲美、有“东方画廊”之美誉的永乐宫，或许将会成为一个例外。2005年秋天，由联合国教科文组织世界遗产中心派遣的一位资深遗产保护专家来到永乐宫，他对永乐宫的建筑和壁画大为惊讶。新中国成立之初，为了保护这“历史的宝贵馈赠”，这座宫殿经历了一次震古烁今的整体搬迁。

时间的味觉，时间的停滞，时间作为第四度空间，让你在那个切近的空间中，告诉你万物有灵论，因为，世界是活着的，活着的万物，风和雾，雨和雪，所有东西都具有生命力。

壁画是立体的电影，站在这样一幅幅历史巨片前，人的浮躁、人的狂妄是否可以立马灰飞烟灭？大凡人类历史的长河里，特殊的地理位置总会孕育出特殊的文化。历史的经纬里，常缝合着一条这样的神秘丝线。也只有时间才具有缝合一切、梳理一切、收割一切的力量。

永乐宫，永远的吉祥如意！

笑脸

郑南川（加拿大）

2017年4月，从加拿大蒙特利尔出发，我和友人哈维耶赶路回家乡昆明去看我的老母亲。出国30年了，随着海外生活时间的推移，对母亲的思念更加心切，我决定每年都回去看望老人，哈维耶是第二次和我去中国，曾经有过的一次印象让他流连忘返。

一路上，各城市的发展和变化让我们仰慕，在阳光的照耀下城市富有朝气。说起眼下回国的印象，哈维耶说，我发现了一个景象，到处都看到了市民的笑脸，很热情，很亲切。这是真话，记得有一张笑脸让我们十分难忘，记忆深刻，具体地说是在上海浦东机场。

十几个小时的飞机，从蒙特利尔到上海，上海只是一个中转站，妈妈的家在昆明。我一直睡眠不好，在加拿大的家里常常少不了安眠药，每次旅行总是因为生活规律变化而疲惫不堪，上了飞机，就更是“难眠”。飞机上的十几个小时，乐观的情况，只能迷糊两三个小时，下了飞机又要转机，相当疲倦，到终点站昆明还有近4小时的飞行旅程。

这次出行感觉特别不舒服，头痛得厉害，到了浦东机场立刻吃了两片止痛药。我强打着精神对办转机的女孩说，好累啊。

她抬起头看了看我，笑着说，不容易啊，坐了十几个小时的飞机。我说，是啊，妈妈家在昆明，还得坐几小时呢。她又笑了笑说，您出国多年了吧。我说，30年了。她开始处理我的转机手续，说道，30年了，还有妈妈看真幸福。她这么一说，我顿时感到好温暖，眼眶一热，说，谢谢你，真的幸福。

她问我，你想要靠窗子还是靠走道的座位？因为我们是两个人，我说，能安排我们两人都靠走道就好了，这样空间大一点，可以让腿伸得直一点，出进也方便。她盯着电脑看，说，这班飞机好像没什么空位置了。过了一会儿她又问了一遍，你们都是想坐靠走道的位置吧。我点着头，说，尽量吧，如果没位置，那也没办法。不一会儿她把票做好了，递给我时说了一句，你们俩都可以坐在走道旁边，伸开腿是没问题了。我说太感谢了，她就对着我们笑。哈维耶站在旁边不知道我们说什么，只是小声地对我说，这女孩说话总是在笑，笑得多可爱啊。

离开时女孩说，向你的妈妈问好啊。我说，也向你妈妈问好。她沉默了片刻回答道，我妈妈已经离世了。什么，是这样啊，她那么年轻，我赶快说不好意思。她低声说了一句没事的，祝福天下的妈妈，还主动挥手和我们说再见。

上了飞机，我们的座位确实都靠着走道，不过原以为两人的座位仅仅是隔着走道而已，没想到是一前一后。我说，这女孩怎么安排的，现在我们俩说话也不方便了。哈维耶倒说，不能都方便啊，你看乘客这么多，可能没法安排，坚持几小时吧。我又想起了那个女孩的笑脸，嘀咕着说，确实人家也挺帮忙的。

不一会飞机关门了，马上就要起飞。这时我发现，靠窗子的两个座位没人，心生惊喜，回头对哈维耶说，旁边空着两个位子，太好了，我可以睡一会儿，正好补补精神。哈维耶也觉得奇怪，他的旁边也空着两个位置，这怎么回事。他问我，你对女孩说过你很累，想躺一会儿吗？是啊，我想起来了，对她说过这样的话，难道她上心考虑过？哈维耶站起来看了看机舱，喊着，天呐，座位全是满的，就我们两人这里的位子空着。他有点得意地说，女孩知道我们是国外来的，路途遥远很辛苦，就利用了这么几个空位置，把我们座位分成前后，正是让我们好好休息呢，她人真好。我也站了起来看了一圈，果真没见到一个外国人。我说，你是这样猜测的吧。他说，当然是猜测的，不过我想是真的，因为看到了她的服务态度和她那张可爱的笑脸。他这么一说，我也感动了，这事肯定是真的。

后来，我躺在空着的椅子上，睡了一觉就到了家，感觉好多了。

一直不清楚座位那样安排，到底出于什么考虑。但我相信哈维耶的话，那女孩的笑脸一直浮现在眼前。

只想说，那女孩好，浦东好，中国人好，祖国好。

◎盛世华光

『杏』福之门

李佩红

新疆巴音郭楞蒙古自治州，风土丰富多样，州府所在地库尔勒产香梨，塔克拉玛干腹地的若羌、且末两县产红枣，尉犁县产棉花，天山以北博斯腾湖周边的焉耆、博湖、和硕三县产葡萄、辣椒、番茄，而沙漠边缘的轮台县自古是小白杏的故乡。

杏子是中国栽培历史最悠久的果树之一，我相信，轮台的杏子是2000多年前，张骞凿空西域之后，中原将士将杏带到此地，种在屯垦的田间地头。轮台白杏花开花落又一个千年，等来了伟大的玄奘，寻常百姓家的杏荣登《大唐西域记》。

今年气温低，轮台杏花开得比往年晚了一周。3月底，早已按捺不住的杏花迫不及待推开花门，登台亮相，绿洲第一场盛会开始了。放眼望去，十里云烟、百里胭霞；近看，胭脂万点，花繁姿娇。走进轮台，就进入了花的世界、梦的幻境。

杏花开放，各乡同时举办杏花节，从北到南、由东到西，杏花一眼望不到边，花潮汹涌、人流熙攘。男女老少，全村、全乡乃至全县倾巢出动，踏青、赏花、会友，在杏树园里纵酒散金、声震四野。

今年杏花开得晚，成熟却早。六月初，轮台的杏子陆续成熟，采摘季到了。此时，轮台打开收获之门，香气漫城，满眼金色。大街小巷，道路两旁，果园树下，一片片、一堆堆、一筐筐，全是杏子。金黄色的杏子，流蜜的乡村、流蜜的果园、流蜜的城市，疑似误入黄金屋。

果园里的每一棵果树都炫耀着自己的成就，把金黄的果子挂满枝头。在轮台吃杏子吃到醉，吃到嘴上冒火泡，如此销魂的吃法你有过吗？

我正沉醉间，猛地被一个女子的吆喝惊醒。收工了，收工了。今天往上海发的货全部发走，你们想吃啥我请客。

被妇女们叫老板的的这个女子很年轻，染黄的长发用发卡别在脑后，一席白花红裙，像一团火焰。她叫阿依古丽，今年31岁。她从小在阳霞长大，考上了内初班，免费上了6年学。无奈，18岁的阿依古丽走了母亲同样的路，早早嫁了人。婚姻生活给她带来伤痛，25岁的阿依古丽离婚后带着3岁的孩子回到娘家。

凭借一口流利的普通话，阿依古丽先后在广告公司、联通公司打工，给自己买了手机和电动车。她尝到了幸福是奋斗出来的快乐，决心把命运牢牢地掌握在自己手里。母亲的突然离世，让她失去最后的依靠。村委会安排她担任扶贫专干，解决了她带孩子的困难。

轮台白杏果肉多汁，黄中透白，含糖量高，含有多种有机成分和人体必需的维生素与无机盐类，享誉疆内外。

白杏不好保存，易腐烂，从前，受困于交通，白杏丰收时农民发愁卖不掉。如今，新疆铁路、公路、航空，路路畅通，物流业发达，冷链运输普及到乡村，杏子在路上跑、在空中飞，不出一周便可抵达全国任何一个地方。

聪明能干的阿依古丽嗅到了商机，跟着别人学承包杏园、往内地发送鲜杏。

杏子打开阿依古丽的幸福之门，好杏子加真诚信，她成功了。去年一个杏子季净赚了四五万元。今年，上海一些公司早早预订了她的杏子，上海新冠肺炎疫情刚刚平稳，她就不停地忙着发货，雇佣五六个河南来的老阿姨包杏子，她负责线上线下销售，杏子很快销售一空。到秋天，还可以卖杏干。

一进阳霞镇卡尕麦来村库尔班·阿卜力孜家的杏园，就看见他和妻子登着梯子，一人挎个提篮摘杏子。怕杏子碰伤影响品质，篮子里缝着厚棉布。他家的杏子个个珠圆玉润甜如蜜。库尔班·阿卜力孜给我们算了一笔账：自家2.7亩杏树，每棵树卖1000多块钱，去掉成本，收入5.5万元。卖杏子的钱他全攒着，准备买头奶牛，再添些母羊，日子过得像鸽子翻翻儿，越翻越高。

前几年，因管理不善，病虫害泛滥，他家的杏子几乎绝收。他愁眉苦脸地找到村委会。村委会干部联系农业技术人员到他家查看，为他家杏子制定科学管理措施，手把手传授技术。杏树不负众望，今年单产高，质量好，卖出了好价钱。说到这儿，库尔班·阿卜力孜眼里含着一层淡淡的水色。

其盖布拉克村500亩杏产业示范园全在麦地的田埂边。放眼望去，杏树枝头的杏子一片连着一片，泛着阵阵果香。树下停好几台自动升降采摘机，村民正站在机器云台上忙碌地采摘杏子。摘下来的杏子倒在毯子上，沉甸甸、黄灿灿的，几名姑娘正在分拣，把光滑无损的杏子，用白色网套套起来，一粒一粒装进筐子。这样的杏子可以卖到20元一公斤。

我在一片杏树园遇到正在收杏子的博斯坦村杏干厂厂长艾山·肉孜，42岁的艾山宽腮、剑眉、小平头，朴实能干。他从银行贷款50万，以年租金两万的价格承包了杏厂，他雄心勃勃，准备把杏厂打造成轮台品牌，短短一年时间，投资开发出杏酱、桑椹酱、杏干、杏子饮料4个品种，质高价优，很快占领了库尔勒及周边市场，供不应求。依靠杏子产业致富的艾山，拥有两辆货车，一辆轿车，屋里屋外装扮得富丽堂皇。

轮台县现有杏子种植面积8.18万亩。白杏主要种植区以野云沟乡、策大雅乡、铁热克巴扎乡、阳霞镇重点发展早熟白杏；轮台镇、哈尔巴克乡等乡镇以中晚熟杏品种为主，东西乡镇杏子产业互补，实现了产业发展最大效益。

杏子打开了农民致富之门。2021年全县各类杏子总产量1.95万吨，林果业人均收入3831元，较5年前翻了一番。

杏子，阳光与漠风、雪水与土壤、技术与汗水共同孕育出的圣果，继库尔勒香梨之后，成为巴音郭楞蒙古自治州新的形象大使，来自南天山的“网红”，轮台绿色生态的代言人。

一车车小白杏拉走了，运往五湖四海，几日之后，当甜蜜来敲门，开门接杏，接住的是甜蜜，是幸福。

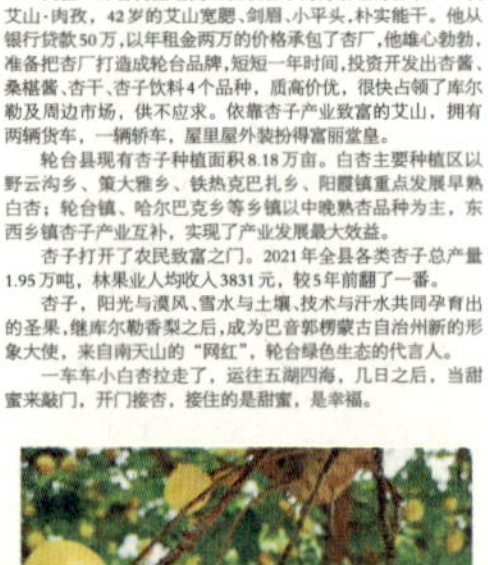

枣树记

□ 徐剑

我对枣树寓意的理解，缘于小舅的婚礼。那天，母亲塞给我三角钱，交代道，去供销合作社买半斤红枣。我将三角钱攥在掌心，狂奔如小马驹，"嘚嘚"的脚步声回响在老街的石板路上。古镇为驿站，一里五甲一条街，从外婆家五甲，跑到三甲大巷张家门铺，一华里，站在高高柜檯前，怯生生地说，半斤红枣。店主一只眼睛坏了，眨着云翳，翻了翻白眼，从玻璃瓶里抓红枣装进牛皮纸袋，称好，递给我。我双手抱着半斤红枣往小舅家跑去，枣香溢满古街。气喘吁吁地交给母亲，只见母亲将红枣拿了出来，装进将封口的红被子，剩余撒在婚床褥子上，喃喃念道，早（枣）生贵子！满脸悦色。

这是我第一次知道大枣还有如此美好的祝祷。那弥散在故乡老街的枣香，像迷了魂一样，使我对红枣树有一种天然的敏感与亲近。

那个夏日晌午，车入稷山县万亩唐枣树林，那掩埋了半个世纪的枣香记忆，突然被激活、唤醒了。

喊枣魂者归来。一园汉枣树、魏晋枣树，最多的是唐枣树。放眼望去，树干黢黑，布满皱纹，树心炸裂，被雷劈火烧过后，仍青枝绿叶，青枣缀满枝头，硕果累累。每一株犹如天阙玉树，古树盘根，遮天蔽日一片阴凉。不由得惊叹一声，好大一园古枣林。

古枣树遮天蔽日，蔚然大观。我的思绪转至从前，少时读大先生《秋夜》，开篇就是经典妙语："在我的后园，可以看见墙外有两株树，一株是枣树，还有一株也是枣树。"后来我长大了，屡去山阴，入百草园，周家后花园里，不见两棵枣树的踪影。大先生秋夜所见枣树，应该在北平城里。那两株枣树，本不属于南方。

在我的老家云南，也鲜见枣树。很多年后，我在河南灵宝、甘肃酒泉，见过不少野枣树，多为荆棘丛，并不像山西稷山县这一片古枣树林，老树枯枝斜胄，盘虬野地，躯干枯槁，天火闪电击过后，寒霜侵身，雪野覆盖，却活到了今日，千年不死。

想想我家永定河边的柴门前，邻居家院落里也种了一株枣树，将近十年了，仅小碗口粗。邻家数年未住人，无人打理，靠天雨而活。枝头照样结满了枣，秋天红成半树，金风一吹，坠落一地，拾起来，咬着香甜嘎巴脆。去年春夏之季雨少，见叶子发黄，我以为会干涸而死，谁知一场春雨袭来，葳蕤如昨。

千载如斯，稷山的千年唐枣树祖，也是这番活法吗？下车，近枣树祖情亦怯，我们向一株株古枣树走去，溯岁月回蜿而上。

甘棠井惊现于前，身着汉服、唐装的枣农载歌载舞。"合、四、乙、尺、工"，鼓、钹、锣、号齐响，明笙裂帛。我未赶过去凑热闹，踏着时光的鼓点，走近唐枣、晋树，红枣树祖兀立旷野，汾黄之间，连林成海。最早的已有1800年，有的要两三个人伸手相圈才能环抱。这是一株怎样的古枣树啊！接汉风唐月，宋雨元霜，让人走近时，只想拥抱，只想依偎，只想谛听她的历史心跳。很多株古枣树心枯如井，如铁，只余下薄薄一层皮，真让人担心，倚在树干上，会轰然倒下。刹那间，心生敬畏和感怖。从枝丫缝隙望穹隆，仰天长叹，生命何其粗，摩挲、歌吟过这园老枣树的文人墨客早化为泥土。千年过去，树心已被天火烧焦，树干被斜截断，可叶脉还在流淌，板枣缀满枝头一树连一树，一园接一园，在春阳、夏雨、秋风中，笑看，花摇枝颤。

摩挲着那一株株老枣树祖的皮肤，我的手陡生粗糙感，这种钝痛由皮肤传入神经，直抵心脉。无边的痛后，却是血一般的奔突，红枣香色如血，如火，是炼狱过后的浴火重生啊。一颗、两颗、三颗、四颗板枣，水煎，煮沸，枣香四溢，水案冉冉，万千中药的苦，皆伴枣性而聚变，而新生。那是痛楚过后的沸腾。谁会想到，一枚枚河东板枣，竟然还是救命之丹。

十年前，至亲遽然染疾，幸有名医悬壶济世，妙手还春。治疗后，处于恢复期，亦无药可开。医嘱说，只需调理即可，到中医院开几剂中药吧。后用了一个妙方：虫草两根、西洋参十数片，宁夏枸杞一把，稷山板枣四枚，兑水三四百毫升，陶锅里煮两个小时，趁热喝下，再将所有药渣嚼服。日复一日，月复一月，一喝就是三载，抵抗力大增，恙疾已远。那一刻，我对红枣，对河东板枣，有了一种膜拜感，它的功力远远超出早生贵子的民间祝祷，更兼发百草之七味，和烈药之中庸，抑毒药之暴戾。三四枚板枣一放下去，各种烈药、苦药、补药、泻药都中和了，成一服济民良药。毒性去，烈性减，补到位，泄不死，苦可口，其要诀正在于一粒粒红枣的吸纳、涤减、平衡、调剂与温补之功。

发现板枣有药补之效的郎中，远及汉代。首推南阳张仲景，但影响最大的是神医华佗。相传曹操患头疯病，寒风一吹就发作，心乱目眩。华佗巡诊，望闻问切后，知道实乃心病——既生瑜，何生亮，既有卧龙岗，何必铜雀台啊。遂为曹公针灸，瞬间脑清目明。曹丞相高兴，欲重赏华佗。华大夫摇头，说针灸之疗，只管一时，不管一世。安邑御枣和烈药，可除丞相脑疾。

华佗为曹孟德配药，稷山板枣用得最多。采摘于河东御枣园，运至洛阳城，骑程几百里。后来，称帝后的曹丕下诏，问群臣："南方有龙眼、荔枝，宁比西国蒲萄、石蜜乎？酢且不如中国凡枣味，莫言安邑御枣也。"曹丕不仅是文章大师，也是美食家；南方有嘉木，驿马驮来的龙眼、荔枝都吃过了，可他觉得不如西域来的葡萄和石榴好吃，味道发酸，甚至不如中原普通小枣，何论河东安邑御枣呢！

稷山县属河东郡，板枣又称河东枣，汉代就是贡枣，亦叫安邑御枣。太史公云："安邑千树枣，燕、秦千树栗，蜀、汉、江陵千树橘"。司马迁故里就在河东龙门，河东一脉，离稷山枣园只有几十里，他壮游天下前，当来过稷山板枣园，才会将稷山板枣与燕、秦栗子，蜀、汉橘子相提并论吧。板枣与栗、橘一样，早就列华夏古国的珍品佳肴。江山留胜迹，一枣泽万代，谁可堪比？！

河东板枣入药文献记载，始见于晋代。南朝陶弘景配药时，常用板枣为药引，在《本草经集注》中写道：世传河东枣特异，与青州、江东、临沂、金城不同。陶弘景道出了配药的一个妙方，天下之枣多矣，入药作引，唯稷山枣甲天下啊。

皇天后土必育御枣。那天踏进河东地界，先祭后土祠。登秋风楼，望河汾交汇处，大河如镜，清浊分明，遥想汉武帝吟秋风辞。那是公元前113年秋天的事，刘彻率群臣巡游，至河东郡汾阳县，祭祀后土，摆放的贡果是板枣。皇天后土苍生命，有粮不慌，有枣更带来吉祥。时，秋风萧瑟，鸿雁南归，登上楼船，泛舟黄河、汾河并流水域。帝宴中流，迎水如斯。文功武略、求仙封禅的汉武帝终于被秋风吹醒了，天下哪有长生不老之药，御酒喝罢，遂吟《秋风辞》：

秋风起兮白云飞，
草木黄落兮雁南归。
兰有秀兮菊有芳，
怀佳人兮不能忘。
泛楼船兮济汾河，
横中流兮扬素波。
箫鼓鸣兮发棹歌，
欢乐极兮哀情多。
少壮几时兮奈老何！

碑文为唐人书丹，行书，是二王书风，魏晋风骨，颇与汉武大帝的心境契合。不知那年司马迁随行否？彼时，离太史公辞世仅差两年。《史记》未收此辞，还好，班固《汉书》为汉家天子歌吟留痕。天上大雁飞过，秋风吹过，百草霜衰，美人无颜色，唯黄河黄花遍地香。

青春几何？人生岂能不老。汉武帝未承想到，江山、宫阙、教坊、楼船，雕栏玉砌，都经不起兵燹与宫乱。一阵秋风起，唯有远处的古板枣树见证了时间、岁月、王朝，千年过尽，依旧生机勃勃，生儿育女，硕果不绝，历时千载，仍将衰老和死亡拒在枣园之外。

神树啊。从秋风辞碑前移步楼顶，远眺黄河与汾河汇合处，水齐天境。自盘古开天，三皇五帝，最初祭祀的是"社"，"社"就是土地之神，后土地母。商代以降，祭"社"又加上一个"稷"的仪式。"稷"就是谷神，周代的始祖后稷，封地就在距后土祠不远的稷山县，皆属河东郡。后稷种谷成神，粮安中华万世。而传说稷妻则嫁接了千年仍在结枣的板枣树。五谷之根，滋化万物，有粟、有麦、有谷、有稗，亦有千年枣树。江山社稷百姓安，有粮则命安，有枣则福来。

梦断大河水不尽，何处枣生三晋地。我往热闹处走，甘棠井亭前，观枣农们穿汉服唐装，老翁、老妪摇铃敲，耕夫和歌。我倚在树前照相，仿佛是依偎在老祖母的怀里，东风掠过。一阵清凉，一缕枣香，是老奶奶树祖之味，是摇篮之中母亲的奶香、枣香。

千年枣树活着，活在大河之滨。母亲河，枣祖树，老且弥坚，仿佛在喻言华夏子孙繁衍，万家兴旺，江山永固。一河血脉，与千万株枣树相连。秋风起兮明月夜，丈心如初，元气依然。

莫道枣树老，一枣一树皆成林。

（作者系中国报告文学学会会长）

诗意大别山

□ 谢克强

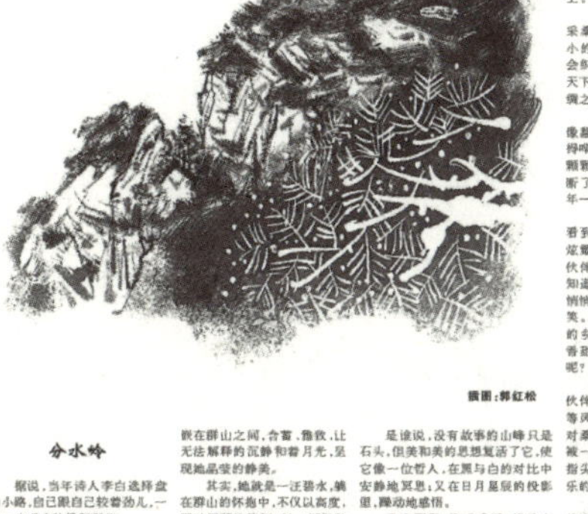

插图：郭红松

分水岭

据说，当年诗人李白选择盘山小路，自己跟自己较着劲儿，一步一步艰难地攀爬到此。

当他站在峰顶上，远望山之南山花烂漫，回首山之北竟是白雪皑皑，禁不住感叹：此山大别于他山也！

不知大别山名是否由此而来?!

付出的远不止是汗水，当然还有攀崖爬壁时会遇到意想不到的风险。但我还是弯下腰系紧鞋带，然后登上爬山的小路。

此刻，我就站在分水岭的峰顶上。

高天远去，辽阔远去，苍茫远去……

世界只剩下我，不时朝北看看，不时朝南望望。天空突然下起了雨。大滴大滴的雨一滴追着一滴，不是朝南就是往北，都沿着我的目光，向低处流去。

只因它们向往大海的辽阔啊！

天堂寨石阶

我走在天堂寨登山的石阶上，拾级而上。当脚步重重叩击，石头沉稳地伏在脚下，默默无语。

是啊，不只是我，就是时间与岁月也在关注石头负重的命运。

一级，又一级，层层递进的石阶，就将倾斜陡峭的山路幻变成一个个小小的平坦；幸有这小小的平坦，化解了游人心理上的陡峭，也大大缓解了游人跋涉攀登的艰辛……

这不，当我向上的脚步与石阶对话时，那一步一步踏响的节拍，似在演奏一曲登山歌哩！

是谁雕凿了这一级一级石阶呢？

其实，这从来处来往去处去，可以上又可以下的一级一级石阶构成的路，在某种意义上说，就是人生的路。

云崖瀑布

谁导演了这壮观的一幕？

呐喊着，如九万个雷霆滚过，那是你灵魂的呐喊吗？

迸溅着，如九万颗珍珠洒落，那是你青春的激情吗？

闪烁着，如九万匹彩锦抖闪，那是你生命的闪光吗？

云崖瀑布啊，如果不攀上高耸矗立的悬崖，你能放逐生活的平庸而有如此撼天摇地、摄人魂魄的声威吗？

天堂湖

静静卧在山间。

有人说，她就像一块碧玉，镶嵌在群山之间，含蓄，隽永，让无法解释的沉静和着月光，呈现她晶莹的静美。

其实，她就是一汪碧水，躺在群山的怀抱中，不仅以高度，更以坦荡的胸怀，以一湖澄澈明净，让四周突兀的群峰倒影，浸润碧玉的梦痕。

匆匆远来的山风，不甘寂寞，掠以绵绵柔情轻抚湖水，静谧无声的湖水漾了起来，漾起透明的笑涡；惹得一只山鹰从远天飞来，衔一朵飘飞的白云，想看看蓝天、白云和自己动与静的临波倒影。

我没有山鹰那么矫健，也没有山鹰那么自由，只能追着阳光轻叠的步履，将弥久的祈愿揣在怀里，缓缓走近有着曼妙曲线的湖岸，然后弯下腰来，轻轻捧起清澈明净的湖水，洗了洗自己的手。

当然，也洗去尘世间的尘垢……

其实，这一汪幽蓝的湖，是天堂寨，不，是大别山晶莹明亮的眼睛。

登薄刀峰

突兀地高耸，刀一样薄的峰，峭立云天深处。

穿着褐色风衣的他，此刻就站在薄刀峰的刀尖上，极目远眺。

幸好有风吹来，不仅吹走了登顶恐高的惶然，也拂去一路攀爬汗水淋湿的疲惫……

渴望攀上峰顶，也许人生需要这样一种高度，俯瞰红尘滚滚的大千世界，才好提升下番的生活。许是为了能够抵达高处，他不仅放下本该属于低处的重量，还一减再减恐高的心理负担，这才储心满满鼓胀力与勇气，走在起伏坎坷的山路上，一路攀爬的脚步跨越时间与空间，终于将渴望之峰巅踏在脚下。

远天，一只山鹰展翅飞来，他似有了腾跃的动感——身在峰巅处，心在更高峰。

这不，当他将目光投向远山，远山青黛；更远处也许有着更青更黛的醉人的诱惑啊！

哲人峰

石在石上，见证大自然的鬼斧神工。

一块石头沉稳地坐着，让另一块石头凛然耸立，耸立在险要的关隘上；月辉，抑或阳光洒了过来，拉长它凛然耸立的影子。

黎明的风，掠过它的额头，拂落几缕无言的惆怅；夜半的雨，惊醒它沧桑的梦，展翅摇曳心底的天空……

是谁说，没有故事的山峰只是石头，但美和美的思想复活了它，使它像一位哲人，在黑与白的对比中安静地冥思；又在日月星辰的投影里，躁动地感悟。

无论冥思，抑或感悟，都是山风、山雨、山路、山野、山民……

于是，它的冥思，抑或感悟，都是大别山最真实、最丰富的财富，散布在我们从未抵达的远方……

观云

薄刀峰的云真是有情有义。

站在薄刀峰上，只见云从四面涌来，仿佛是为远道而来的我，将远远近近高高低低的山峰淹没为海底的礁石。

不闻涛声，却见雪浪翻涌，云涛拍岸……

云海茫茫，沧海茫茫。

渴望由来已久，在我的旅行袋里贮满了大海蓝色的喧响，当咸涩的风又一次撩起我不安分的目光，撩起我的衣角，仿佛扬起的征帆乘风破浪，船的向往就是我的向往啊！然而，那不息的涛声曾无数次将我从梦中惊醒……

云海涌动着，卷起我无边的思绪。

是的，这茫茫云海，虽变幻莫测，但缥缈若烟，轻浮如雾，太虚太空，既不可任我扬一页征帆破浪远航，也不能任我跃入其中戏水踏浪。但那云涛雪浪，仿佛薄刀峰的即兴之作，不仅丰富了云海的层次、丰富了我对大海的想象与向往，也使我看到一种浩瀚、一种苍茫、一种力量……

九资河边的桑

一排排站在河边。

许是为了抵达春天，这些从汉乐府走出的桑树，一路走来，不仅将积攒了好几个季节的绿色，更将不知源自何年何月流淌在血里的情也悄然萌动。

怪不得桑树葱翠的叶子，充满动感又水灵灵鲜嫩，惹得一河两岸的女子，怀着别样的情愫，风一样轻轻走来，舞动纤纤十指。不一会儿，翠嫩的桑叶装满篮子；楚楚动人的女子，水做骨肉的女子，一边摘着桑叶，一边还轻声低吟着《采桑曲》；一时间，轻松活泼的《采桑曲》飘在九资河上，流水般起伏涌动的《采桑曲》，与远来的布谷鸟的歌遥相呼应，生动着春天。

睡在桑叶里的蚕醒了，吃饱了桑叶的长得肥胖肥胖的蚕醒了。

醒了的蚕不知哪来的精神，匆匆摇曳着肥胖的身子，摇曳着银白透亮的光，在铺满桑叶的筛子里蠕动，引来采桑女纤细的手，轻轻地将它们从桑叶的绿被中拉出来，小心翼翼地放在早已扎好的草棚上。

一时间，一个个草棚上，响起了嚓嚓的声音；许是乔迁新居的喜悦与兴奋，站在草棚上的蚕们争先恐后忙将贮在心中的思绪吐了出来，吐成一缕一缕洁白的蚕丝，挂在草棚上。

望着一个个雪白的蚕茧，采桑女笑了。她们知道，这小小的蚕吐出的无尽的丝，不仅会织成薄如云翼的丝绸，装扮天下的少女，更是在织一条"丝绸之路"哩！

站在桑林里，风吹了过来，像翻一本书，将一树树桑叶摇得哗哗作响。桑叶里藏着的一颗颗紫红的桑葚，不禁撩起我断了又续的思绪，让我回到童年——

那时，每到桑葚成熟时节，看到一颗颗红里带紫的桑葚，炫耀着美味挂在枝头，我和小伙伴就偷偷咽下唾沫。风，似知道我和小伙伴贪婪的心事，悄悄送来阳光与桑葚朴实的微笑。是啊，在不知水果为何物的乡下，有什么比桑葚朴素且香甜的微笑更迷人，也更诱人呢？

不知谁一声吆喝，我与小伙伴就静悄悄溜进了桑园；不等风嘲笑我们的贪婪与渴望，对桑葚热切而饱满的期待，就被一双双无邪的小手摘下，那指尖跳跃的旋律，仿佛一支欢乐的歌……

此刻，当我站在九资河边的这片桑林里，踮起脚尖，拨开桑叶，采来一颗桑葚含在口里，那漾着清冽芬芳的甘甜，仍让我回味对故土的感念！

在三里畈，听布谷鸟叫

走进三里畈，走进季节深处，蓦然，我听见了布谷鸟叫。

"布谷""布谷"……

我静静听着，似听一种召唤，一种催促，一种使命。

是啊，谁能忽视季节、忽视播种呢?!

布谷鸟的歌，一声声，一声声，洒在我的周遭，散发出与春天有关的气息。

不等我抬起头来，只见布谷鸟的歌声在渐渐扩散，缓缓走进田垅、跃上山坡、弥漫在辽阔的山山岭岭；而风，又以清新而温柔的手，搀着布谷鸟的歌，款款走向季节深处……

谁听到布谷鸟催种的歌，谁就会幸福地颤动。

恰在这时，布谷鸟的歌，洒落在一个少女的竹篮里，将藏在竹篮里的一颗颗谷粒碰响，也把少女最钟情的心思碰响。

瞧，应着布谷鸟的歌，她挥动着手臂，就在手臂富有节奏的起落中，一颗颗谷粒纷纷扬扬洒落，如雨点，洒落在一片水汪汪的田里。

这纷纷扬扬的种子雨，仿佛一颗颗绿色的音符，应着布谷鸟的歌，演奏一首美妙动听的播春曲！

罗田吊锅

围着一个大吊锅，我们一行人团团围坐在一起。

从天堂寨下来，穿过九资河，走过大河岸，饥饿穿过第三根肋骨，指挥觅食的筷子，伸向凤山镇吊起的吊锅……

是哪位烹调大师，随意掐下一缕山风，吹燃干枯的栗炭，竟将这遍地野生的菜果，烹出色鲜味美的佳肴。

笑声欢语，觥筹交错，我邀窗外的明月同酌。

山月笑而不答，望着满桌充盈山野气息、散发泥土芳馨与清新的佳肴，似引起久远而苦涩的记忆……

在那黄皮寡瘦饥馑的日子，幸亏山道旁、溪水边、悬崖下、树丛里，这些饮着山露天生地长的野菜野果，为缺衣少食的山里人果腹充饥……

如今，这些来自大自然的野菜野果，因其味道独特、营养丰富、品质纯真，成了待客的佳肴，不仅给远来深山的观光客尝鲜，被游人首选为馈赠佳品，更被制成包装精美的绿色食品，出口换取外汇。

我举起筷子，不仅是用味觉，更是用情感，细细咀嚼着罗田，慢慢品味着罗田。我们一行苍白的城里人，懂得了什么是泥土的本色！

路旁，一棵柿子树

不经意间，当我停下来抬头仰望云中的天堂寨，映入我眼帘的竟是路旁的一棵柿子树。

不见昔日的枝繁叶茂，是不是岁月淡泊了时光的流逝，柿子树才将开花结果的一路艰辛，贮在生命的季节里，这才有一簇簇紧紧相拥的柿子，就像一盏盏红灯笼，挂在光秃秃的枝头上，守护季节的丰硕。

莫是要酬谢我的注目，一枚熟透的柿子从枝头跌落，不偏不倚，正好落在我张开的手上。

柿子的软，从软中溢出的汁液，不由得让我张开欲望的嘴巴，更让我猜想——

是不是骤然的一场霜降，涤除了柿子骨子里的苦涩，才让柿子变得又软又甜呢?!

风吹乌桕树

壁立的断崖上，一棵孤零零的乌桕树傲然屹立。

借助霜风的推搡，傲然举起满树霜染的红叶，仿佛举起一束束燃烧的火把映红湛蓝的天空。

许是有着与生俱来的孤独，孤零零的乌桕树默默肃立霜天。

由于断崖的耸立，这棵乌桕树才奋力将根深深扎进岩缝里，壁立的断崖不仅让乌桕树浑身充满力量，更使它胸中激情澎湃，一腔热血喷涌……

抬眼望去，似没有比它更高的了。四周的断崖上光秃秃的，甚至没有几株野草、几簇野花。但这无关紧要，只要久经历练的乌桕树心无旁骛地屹立断崖上，就是一道遗世独立的风景。

莫看光秃秃的断崖上只有一棵乌桕树，一棵孤零零的乌桕树，可一旦满树的乌桕叶被霜风浸染后腾腾燃烧起来，那整整一座光秃秃的断崖便生动起来！

青苔关森林公园印象

森林从夜的睫毛下醒来。

醒来的森林，贮满了绿油油的风。由于树一棵比一棵高大，一棵比一棵粗壮，风的形象也显得高大而浑厚，在阳光的催促下，它才依依不舍地离去。

不等风走远，我走进了这一片森林。我发现，这里的每一棵树，在风雨里、在阳光下峥嵘向上，将枝干伸向苍穹……

莫不是为了寻找自己的生存空间，这一棵棵树才朝气蓬勃、峥嵘向上，擎一片阳光、擎一树绿荫……

生命无处不在，而有生命的地方，必然有生存的竞争！

我是一个闯入者。

漫步林间，我听见有声音在呼唤——那是轻柔的风同树叶嬉戏，发出如短笛又似长箫似的乐音。

这时，几只刚从音乐声里飞来的鸟，飞过我的头顶，落在树枝上，一如生命一样生动，站在诗歌之外，站成一幅画的意境，只是鸟的歌声在风的呢喃里不那么脆了，收拢的翅膀也变得有些凝重。

在风中沉思默想的鸟，怎么那样接近我寻觅的意境、情感和灵魂呢？

不忍离去，真想站成一棵树，站成一片树林。

（作者系作家、诗人）

我现在是一个行走在民间的诗人
我要用诗为这片土地歌唱
要让世界每个角落都听到
东北雄浑高亢的声音

今日冬至，冬至还阳
我已听到母亲河冰下流水的响声
大雪封山，青松依然苍翠挺拔
山风呼啸，那是进军的号角
东北，我魂牵梦绕的东北
已经迈开脚步
向春天进发

河东油亮亮

王久辛

河东的夜色丰富而单纯。
是单纯的丰富，丰富的单纯。
浑浊而又黄稠的大河之水。
较澄澈湖水在月下呈现的，
清幽的，粼粼碧波。
完全不一样。
它油亮亮得晃眼，还含了分量。
一涡一涡。刺目，扎心。
是涡沉于河的油亮亮。
沉浸了几尺几丈的火焰。
是动的，是蹿的。
从上到下，或从下到上，
照明眼，映亮心。
一涡涡的漩涡，像火焰连成的，
巨浪排空，向天际奔腾。
哦，这一河，
内在而又本真的火焰。
咆哮而又奔腾着的火焰。
舞着丰富的美，
在单纯的极致中迅猛飞驰。
油亮亮的光，闪耀着，
与心跳一个节奏的动人心魄。
与心潮一个澎湃的漫长回忆。

北方的月亮，与南方不同。
落照河东，似含了铅的沉重。
一涡涡的光焰，闪耀着水的，
如油似漆般金贵的，浓情蜜意。
一河的九曲回肠。绕啊。
绕啊！在我的眼底心上，
乃至梦中流淌。像情话落入梦中，
似梦里的情人站在眼前歌唱。
激越的旋律含着歌声，
漫过了河东、又覆盖了河西。
“万山丛中，
抗日英雄真不少”①。天籁之幻声，
顺流而下。势不可挡。
灌溉了我的心房。

漫到了，我们文旅之舟，
此时此刻的船上。
河东依然摇摆着昨天的船桨。
油亮亮的河东。
日夜奔流着的河东。
翻卷着丰富而又单纯的，
亮火烛照的河东。
磅礴着
自洪荒而来的，光的力量。

注：①《黄河大合唱》歌词。

遇见湖林

谢宜兴

海神的后花园

大海有神，海中也有花木
我家乡的东吾洋和官井洋就是
海神的后花园，那个叫东冲口的
窄门，便通向神的宫殿
神嘱咐守门人，性格乖张的飓风巨浪
拒绝人内，柔风微澜任意来往
有幸生长在两洋岸边的我的父老乡亲
是神选定的这花园的园丁
这里的花木一律按海国命名
菊花叫海葵，仙人球叫海胆
蒲公英叫水母或海蜇，合欢叫海蚌
海鸥是空中飘过的杨花柳絮
官井黄花是神钟爱的黄牡丹
我小时候坐在东吾洋岸边看双桅船
列队满帆向南去，不知道那是
一群海蝴蝶，飞过神的午后的花园

渔 模①

这些流光烁影的魔性滩涂
和那些追光逐影的小精灵
催生了这份仿真的职业和成就感
克隆乐此不疲，假得无比真实

撒网，收网，扳罾，推罾
甚至踩着滑板，扮成讨海的样子
我小时候多么熟悉的那份艰辛
被如此欢快地模仿和演绎

脸上微笑替代了眼中苦涩
生存的沉重被轻轻扬起
镜头中粼粼波光点点水花，有谁
还记得那背上的溪流额上的雨

风浪中的劳作，嬉戏式再现
出于对一种已然消失的生产方式

2022年8月26日 星期五 责任编辑：饶翔 电子邮箱：gmwenhui@gmdaily.cn 美术编辑：朱江

河东如你所愿

□阎晶明

夏日，我同一众文友行走在河东大地上。据说，我们所去的7月中旬，正赶上几天难得的清凉时节，细雨蒙蒙或微风吹拂，与我印象中的晋南的确大不相同。

作为晋人，我所生长的晋西北与运城所处的晋南，其实长期以来在地理交通上相隔甚远，文化习俗也是大相径庭。其后多年在省会太原工作生活，对晋地南北之自然条件、文化习俗、人情世故有了更多观察、比较的机会。这些话题似乎永远也说不完，它们本身就是世俗烟火中的一部分。

今天，时隔20年再次来到河东大地，那些丰富的历史遗存真的值得再次深入观赏，而我不由得会在观察中体味这里正在发生的变化，希望读出这片土地在经济、社会、文化等各个方面所取得的进步和飞跃。无论如何，运城是山西综合条件最好的区域之一，看山西人的精神面貌，看山西未来的发展潜力，运城不但具有代表性，而且具有领先地位。

旧地重游，我在亲切中也引发出一些思考。这是一片古老的土地，又呈现出无尽的新貌。在运城，只要开始列数过往，几百年、上千年、几千年，都会打开一个没有办法穷尽的话题。而且你会有一种感受，这里遇到的每一个人似乎都对此十分擅长，更为之骄傲。是的，102处的国家级文物本身就是证据，无处不在的历史遗存，灿若星辰的历史人物，丰富活跃的民间文化，无不让这片土地彰显出深厚的文脉，充满无穷的活力。但我同时又无法克制地这样认为：我们为历史骄傲，但不应迷失在历史的星光闪耀里。

可以说，同深厚博大的人文历史一样让我感到兴奋的是，今天的运城，是一片改革和建设的热土。这里的人们怀着奋斗的热情，创造的激情，努力地工作着，拼搏着——是的，拼搏，你完全可以感受到一种奋进的欲求，一种追求更高物质、文化和精神生活，实现更高理想的愿望。这种愿望和追求汇聚在当代运城人身上，这是最为宝贵的，也是新时代山西最迫切需要的精神状态。

山西万荣后土祠秋风楼 资料图片

龙门：千年一跃的传奇

黄河沿晋陕峡谷一路下行，从河津进入运城。河津也是黄河冲出峡谷，走向宽阔、坦荡的起点。黄河因此在这里呈现出截然不同的风貌。龙门以北是地势狭窄、两峰并峙造成的湍急、凶险，一出龙门，则平坦、开阔，容姿也温和、平静很多。婉约与豪放就在此直观地展现在人们的眼前，构成一道独特的风景。乘船从龙门上行，不到半小时即可抵达黄河最窄处石门，这里的河床距离只有38米，由远及近，却并不给人压迫之感，反而更为黄河的奔流之速、两岸峭立的石壁、头顶白云的浮动三者造成的独特视觉感观深深地吸引，静谧中仿佛有一种神奇的力量推动着周围的世界，那是一种大自然的伟力，让人无法摆脱对它的神往和想象。

龙门是自然景观，黄河从此流经了不知多少个百万年，从黎明到黄昏的每一天，从盛夏到寒冬的每一年，从地老天荒到龙腾虎跃，所有改变只是造成不同的景观，一切都不会让黄河停止它奔流到海的脚步。也许正是因为大自然的造化太过神奇，几千年来与龙门相关的传说、故事从未间断，流传甚广。神话传说如鲤鱼跃龙门尽人皆知，半人半神的故事如大禹治水深入人心，龙门本身就还有一个名字叫作禹门，或禹门口、禹门关。如果登上位于河津一侧的大梯子崖，北望石门，南眺龙门，对于黄河的认识一定会有一种格外的升华的感觉，体会到一种难得的悟觉。

禹门口（龙门）黄河公路大桥 资料图片

我们没有办法推测大禹究竟在龙门如何大动干戈，但我们可以亲见当代龙门人的奋斗与拼搏。河津市龙门村是黄河岸边的一个乡村，它因龙门而得名。而当代龙门村人也的确配得上这个荣耀之名。这里是河津也是整个运城地区最为富裕、经济发展最好的乡镇。大禹精神在当代龙门人身上得到弘扬。这里的工农业生产和旅游产业发展迅速，人们生活富庶，无不为自己生活在龙门这一胜景之地而自豪。行走在龙门景区，沿岸的景观正在重新打造中。表现现代革命历史的人物雕像及纪念碑依次矗立，一条沿岸修建的木栈道正在铺设，地老天荒之上势必会展现一种全新的面貌迎接八方来客。以强大的工业作为基础，这些蓝图一定能够实现，唯愿这些新造的景观给人们带来的是对历史的了解，是游览的便利，且一定要与自然景观相融合。

对于在自然景观上做添加动作是否应该和必要，历来都存在意见分歧。如果大禹真的在龙门上历经十三年劈山通河，造福万民，那么另一方面，从他那时起，人们已经对自然动了手脚，早不再是原貌了。今天来到龙门，赫然在目的已经不是河两岸的石壁，而是架设在其上面的大铁桥，它才是横在黄河之上的巨龙。这是现代交通之需，是龙门必须要接受的改变。遥想千年之前晃动的浮桥，甚至包括壶口瀑布处旱地行船的奇观，现代化进程中，我们在获得便利的同时，肯定也会少了许多古人曾经的景观鉴赏机会。这是矛盾，是对是错只能任人评说。但不但是龙门，石门之上如今也架起一座桥梁，那同样是一条铁路桥。诗人、旅行家肯定会有不同看法，但社会的发展已是大势所趋。我们唯有希望，那人造的实物，无论造型还是色彩，与自然之间能最大限度地融合。

龙门村这个黄河岸边的乡村，如今拥有3000多人口，每年依然能吸纳为数不少的大学生来这里工作和生活。这可能比“无忧无虑，真是田家乐”的传统景观还要重要。龙门村在发展经济的同时也在努力保护良好生态，打造宜居适游的环境。这种融传统和现代于一体的发展之路，或许才是我们最想要看到的吧。

河津是运城矿产资源最丰富、工业基础最好的县区。在很多人的印象里，河津就是一个以工业为主的城市。事实上，即使在河东地区，河津都是人文底蕴深厚、文化名人辈出的地方。仅仅说出司马迁、王勃、薛仁贵这三个名字，就足以让人惊诧。当然，由于行政区划的原因，王勃的故里通化镇早已属于隔壁的万荣县，而司马迁的故里现在已被认定为是陕西韩城。用河津当地朋友的话说，只有薛仁贵是无可争议的河津人。这也是一种无奈。就说司马迁吧，一句“迁生龙门”，几乎是为后世留下一个大迷局。晋陕峡谷让秦晋两地隔河相望，这种相邻相隔的历史演变中，发生过很多故事。秦晋之好是大势，但也时有一些属于地域文化的争执。韩城有司马迁墓，有一个叫徐村的村子被认为是司马迁的故里。我二十多年前曾经到访过那里。村子里的冯、同二姓，据说就是司马二字拆分后各自添加笔画形成的姓氏。两姓人视对方为自己的宗亲。

而在河津一面呢，从前也是有过司马迁墓的，而且本来有碑为证，后被黄河水淹没从而失踪了。河津的西辛封村，至今生活着很多姓司马的村民，他们世世代代坚信自己就是司马迁的后代。直至清光绪年间的《河津县志》，在人物类里，司马迁及其父司马谈都位列其中，被河津人视为本地最大的文化骄傲。龙门本来就是跨越晋陕两岸的，谁都有资格说自己是龙门的正宗，河津这边至今保留的龙门村名，就如同韩城那边留有司马迁墓一样，都是乡贤们坚称司马迁属于自己这一侧的铁证。其实，司马迁究竟生于何处，祖上又从何而来，这恐怕从来都是各执一词的吧。陷入这样的无休止论争实无必要。

如今的河津城，一座九龙塔矗立在河津市的制高点上，每到夜幕降临，九龙塔的灯光秀就会吸引众多游人、市民至此观赏。在灯光闪烁和音乐伴奏中，游人不由赞叹于河津的自然胜景、人文历史以及当代的创造成就。置身其中，我对新造的塔和灯光效果充满好感。传承和弘扬传统优秀文化，不是要人们抱残守缺，不是躺在往日的辉煌上面悠然自得，不是津津乐道于曾经阔过，而是要以当代人的眼光，当代人的抱负，面向未来的姿态，对传统进行创造性转化和创新性发展。就此而言，与其是争执一两位千年之前的名人究竟属于哪一个地方，不如学学先贤们的精神，做好眼前的事情，创造美好的未来。站在九龙公园的高台上，环视灯光璀璨的河津市区，让人心生感慨，更感振奋。只有拥有美好的现实，为更加美好的未来去拼搏努力，只有投入创造历史的进程当中，才能真正拥有过往的历史。

后土祠：两河交汇处的生生不息

在山西，万荣可能是一个非常特别的地方。这里是黄河与汾河的交汇处，山西的母亲河汾河就是从这里汇入黄河，汇入奔流到海的进程中。两河交汇，必是可以大做文章的地方。事实也果真是，位于荣河镇汾阴脽上的后土祠，是具有4000年历史的祭祀之地。立于后土祠的秋风楼更是名满天下。2000年前，汉武帝刘彻在汾河之上泛舟，写下了流传千古的《秋风辞》。汉武帝写不写《秋风辞》，秋风楼依然在那里，但是，“欢乐极兮哀情多，少壮几时兮奈老何”的感叹，那种沧桑和浑厚可以说穿越千年，激荡起多少人的哀与乐。秋风楼因为文学与帝王的双重影响力而声名远播。今天所见的秋风楼，位置和造型早已不是汉武帝时的情形。我记得20多年前来此参观时，当地朋友就曾介绍过，秋风楼本在黄河与汾河的交汇处，由于洪水的侵袭，秋风楼经过了六七次重修，冲毁再建，以此往复。现今的秋风楼为清同治年间所建，位置已离开两河交汇处数公里，并置于后土祠内，成为后土祠的重要景观之一。登楼而上，可见每一层都有石碑，同刻一首《秋风辞》。极目远眺，确有“念天地之悠悠”的感慨。

后土祠位于自轩辕时始设的祭地，从尧舜二帝再到夏商周，这里是历代皇家祭祀大地之神的神圣之所。后土祠是在原来的祭地之上修建的，建造时间正是汉武帝在位之时。它同样历经了多次洪水冲垮，一再重建，为的是保留这深重的文化密码。从轩辕时的扫地坛到后土祠，再到北京的天坛地坛，历代帝王对土地的敬畏，对大地之神的敬仰可见一斑。

万荣是一个传统农业县。这种传统之深，让你感觉到即使是故地重游，观察人们的谈吐、趣味，人们的衣着、饮食，仿佛依然置身在昨天的氛围中。万荣是一个具有独特文化标志的地方。万荣笑话应当是其里走得最远、影响日见其大的地域文化符号。我曾经到访过万荣笑话的发祥地谢村。四池八井十二巷，说明这不是个一般的小村落。村子的中心广场上有一株“柳槐树”，它是槐树，却长着柳叶，据说就象征着这里的一切都非同凡响。万荣笑话的精髓始终贯穿一个主题，这个主题是一股精气神，书面点说是固执、执拗，当地人把这种气质称作“ZENG”（四声），如何写却历来都说法不一。目前出版的万荣笑话图书，都用“万荣72ZENG”来书写。我记得曾读过一本当代版的《万荣县志》，里边把万荣笑话凝聚的这种耿直与执着，称为“咬定青山不放松”。也是一个很好的阐释。

万荣是一个文化底蕴十分深厚的地方，历史上涌现过众多文化名人。今天的万荣，亟待一次现代化的提速，以跟上时代发展的步伐。万荣的地域文化丰富多样，充满欢乐，但这里的人们同时也需要走出一方天地，眺望更远的地方，扩大视野，更新观念，以新的姿态和热情建设家乡。万荣的李家大院我这次是第一次参观，其阔大，其舒朗，其建筑风格的中西合璧，堪称壮观。李家大院的主人是曾经留学英国，并与欧人联姻后回家乡安居的。这个故事本身就代表了一百年前万荣人高远志向。在秋风楼东西走向的通道里，东面门洞的上面刻有“瞻鲁”，西边门洞上则对应着“望岳”一语。古时万荣人尚且有此眼光与胸怀，今人则更应高远才对。我们的先人尽管生活在农耕时代，却有着心系天下的传统。同在河东，同在黄河之滨的鹳雀楼上，王之涣一定是登高望远，心情难以平复，于是才会有这样的感慨：“白日依山尽，黄河入海流。欲穷千里目，更上一层楼。”全诗就是一种希望看到更多、看得更远的欲求表达。“白日依山尽”固然是眼前所见，“黄河入海流”其实已是想象了，在山西永济是不可能看到渤海的。即使再上更多层楼，想要穷尽“千里目”，几乎也是不可能的。但人要有这样的志向，要有这样的胸怀。万荣这片热情的土地，一定会迎来更加美好的未来。

板枣文化·“青铜”制造

第一次来到稷山。稷山相传是后稷神农氏教民稼穑的地方，稷山之名因此而得。这也注定了它与农业、农村、农民不可分割的恒久联系。稷山的标志性符号是红枣，当地人称之为板枣。山西是红枣的盛产地，而稷山板枣又是其中的第一品牌。它的特点是皮薄、肉厚、核小。稷山板枣的种植历史已达两千年以上。这两千年的概念是，自汉代以来的枣树至今仍然存活，不仅还能结枣，而且可摘可食。自汉而下，唐宋元明清，历代枣树同在一园，共结果实。千年共食一颗枣，这不是传说，也不是奇观，而是伸手可得的惊喜。在枣林里，我们有机会观看了由枣农表演的打井、提水、浇灌的情景演出。不以文艺的标准要求，只感受那种热烈的氛围，表演者脸上的表情、手上的动作，就可以欣赏到劳动之美，田园之景。当地正在尽力打造红枣文化品牌，建起了规模宏大的红枣文化博物馆。其中既有关于红枣的科普知识，也有中国红枣的种植历史及地理分布，更有稷山板枣的详细介绍与展示。

红枣之于中国，可谓根深蒂固。从专业的研究角度讲，红枣的起源有两种说法，一种是起源于中国，另一种是多头起源说。总之都离不开中国。红枣的英文名字也很奇特，叫作“Chinese jujube”或“Chinese date”，中国元素不可剥离。而且从中国种植红枣的历史讲，其最早的种植地正是黄河中下游。稷山板枣，可谓是正宗的中国枣。

红枣中孕育着不屈和奉献的精神。这种精神自大禹以来，就凝结在中国人所认可的英雄人物的身上。我曾经研究过鲁迅的散文诗集《野草》，《野草》的开篇叫作《秋夜》，第一句是这样写的：“在我的后园，可以看见墙外有两株树。一株是枣树，还有一株也是枣树。”这个关于枣树的陈述句震惊了很多人，近百年而热议不止。而根据有关记载可知，百年前的北京城，枣树似乎是最常见的树种，至少是最常见的结果实的树种。从气候、土壤、水文等条件而言，枣树的顽强的生长力，可能是人们选择它来种植的重要原因。鲁迅的寓所其实是个规模不大的院落，《秋夜》里描写的两株枣树位于“墙外”，是别人家的，据记载，鲁迅自己小小院落里，同样也种着两棵枣树。

红枣是北方植物，山西之外，山东、河南，以及新疆，都有驰名的红枣品牌。人们各取所需，选择的口味可以有多种。不过，来到稷山，方知穿越千年的枣树可以并列生长，而且都努力地结出红硕的果实，奉献给所需要的人们。这可真是对红枣亘古不变的精神最好的诠释。稷山也在全力打造板枣文化，提炼板枣精神，加强科学种植，摸索市场规律。访客到此，不但可以漫游枣林，与千年枣树合影，并且可以认领枣树，独享枣树开花结果的乐趣，感受板枣收获的喜悦。

离开稷山，下一站是夏县。夏县是中国第一个奴隶社会夏朝国都所在地，夏县因此得名。这里同样是人文荟萃之地。历史上的著名人物，一是东晋女书法家卫夫人，一是《资治通鉴》的作者司马光。司马温公祠是一处保存十分完好的胜景，内中不但有司马光父子、兄弟的墓地，更有号称中华第一碑的奇特景观。号称“中华第一碑”的原因之一是碑体的硕大，通身超过8米之多，即使截成四节摆放，也如一面墙一样十分宽大。更重要的，此碑乃宋哲宗题额“忠精粹德之碑”，碑文则是与司马光同朝的苏东坡所撰，珍贵之极，堪当用一层楼来专放。我20多年前至此一游时，这里确也像个私家祠堂，古朴的建筑群落在乡间安置。如今再来访问，古朴的味道没变，但周围的环境却完全不是当年模样，大树参天，郁郁葱葱，芳草萋萋，野花盛开，真让人有一种美不胜收的愉悦。

在夏县人心目中，鸣条岗是个吉祥之地。这条横亘于县西的丘陵地带，具有深厚的历史传统，发生过众多历史事件。今天的鸣条岗，则是夏县经济发展最好的区域，在夏县发展势头良好的企业，大都坐落在这一区域内。我特别感到欣喜的是，之前时常从艺术家韩美林、吴为山那里听说的专做青铜艺术品的卫恩科先生，得以在此次访问时相见。同行的文友们一路看来、听来，无不惊讶，那么多精美的青铜国礼，那么精美的大师雕塑作品，那么多熟悉的城市地标性雕塑，原来都是在山西夏县这么一个居于乡村的企业制造的。因为大家都是来自文艺界的，看到近二十年来许多国家级文艺大奖的奖杯，同样都是夏县制造，更是惊叹不已。这样的制造之所以能够走向全国，走向世界，与这片土地深厚的文化肯定有着内在的联系，同时也与当代夏县人矢志不移的努力、勇于创造的意志、不断开拓的进取、广泛交流的热情有着必然联系。从这些人身上，我听到的都是充满自豪、自信的表达，看到的都是前程似锦的景象。我想，悠久灿烂的历史、深厚的人文底蕴、星光耀眼的人物，这些既是我们文化上的骄傲，更应成为当代人前行的动力。只有胸怀远大，眼光向前，朝着未来的目标去扎实努力地奋斗拼搏，历史的底色才会在当代发散出更加耀眼的光芒。运城人正在朝着这个目标努力，也在这条道路上稳中求进。有着数千年辉煌历史的河东大地，正在开放着面向未来的希望之花。

（作者系中国作协副主席）

在山西万荣庙前村拍摄的汾河与黄河交汇处 新华社发

浅谈编辑对作者的培养

——从路遥与秦兆阳的书信往来说起

□贾寒冰

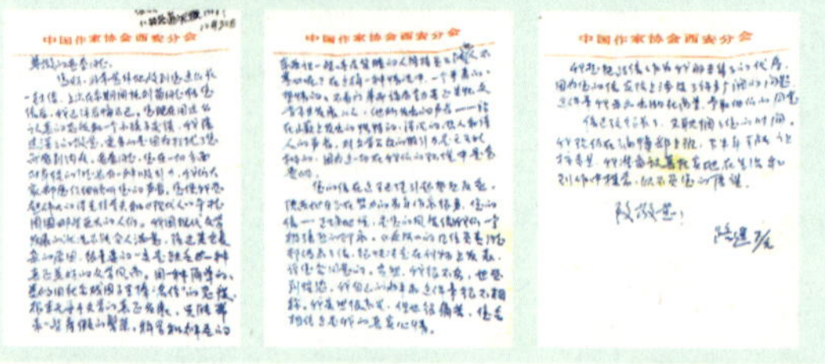

路遥是中国当代文学史上最重要的现实主义作家之一，他的一生都在以苦行僧似的方式执着于文学创作，虔诚而严格地遵照创作计划度日，为文学事业奉献了毕生精力，也为我们留下了《惊心动魄的一幕》《人生》《平凡的世界》等优秀的文学遗产。曾任《人民文学》《当代》主编的秦兆阳，是编辑家，同时也是著名作家与评论家，在文学界享誉盛名。路遥不止一次公开提到对秦兆阳的感激之情，也正是秦兆阳在关键时刻的一次相助，整个地改变了路遥的文学创作之路。笔者幸运地在中国现代文学馆的藏品库里见到了路遥写给秦兆阳的两封书信，通过对书信的梳理，我们直观地感受到路遥、秦兆阳两位文坛前辈的人生态度和文学品格，进一步了解到身为编辑的秦兆阳从发现和培养作者、确立鲜明的作者意识、提高作者的写作水平、引导作者的创作活动等方面对作者提供帮助，不断优化作品及促进作者的成长，从而繁荣文学事业。

一

尊敬的老秦同志：

您好。

我来中青社改一部作品，现基本已完成工作，我很想来看看您，但又怕打扰您。另外，我老是这样，对于自己最尊敬的人，往往又怕又躲避，望您能原谅。

我想请求您一件事：上海《萌芽》丛书初步决定出我一本集子，包括十二个短篇和两部中篇，约二十来万字。他们这种书都要求有个老作家在前面写个序，并且让作者自己找人，我自己很想让您给我写几句话，不知您能不能同意。如您觉不方便，我就不麻烦您了。两部中篇都是您看过的，其他的短篇只有十来万字。如您能同意，上海方面也最后审定出版，我就将另外的十来万字短东西寄您看一看。当然，书现在还未最后定下出版，这封信有点早，主要是这次来京，想知道您的意见，到时我就不再写信打扰您了。您如果忙，就不要给我写信了，可将您的意见托刘茵同志写信转告我。

我在这里改完一部十三万字的小说，中青社已经决定出版。我深知道，我在学习文学创作的过程中，您起了关键的帮助作用，我自己在取得任何一点微小的进步时，都怀着一种深深的感激而想起您。

您身体怎样？万望保重！您给子龙的信及他的小说在社会引起重大反响和关注。尤其是您的文章，文学界反映很强烈，是这一段我们那里讨论的主要话题。

祝您健康并且愉快。

（我20号左右就回了西安）

路遥 14/12

二

尊敬的老秦同志：

您好。非常意外地收到您这么长一封信。上次在京期间托刘茵同志转您信后，我已经后悔不已。您现在用这么认真的态度和一个小孩子交谈，我除过深深的敬意，更多的是因为打扰了您而感到内疚。老秦同志，您在一切方面对年轻的同志具有一种吸引力，我们大家都愿仔细倾听您的声音。您使我想起伟大的涅克拉索夫和《现代人》杂志周围那些巨大的人们。我国现代文学发展的状况不能令人满意，除过其它复杂的原因，很重要的一点是缺乏一种真正美好的文学风尚。用一种简单的、类似旧社会戏园子里捧“名伶”的态度，根本无益于文学的真正发展，只能带来一些虚假的繁荣。科学和神圣的东西让一些嘻皮笑脸的人操持怎么能让人不寒心呢？在这样一种情况中，一个严肃的、热情的、不看门第而竭尽全力真正关怀文学事业发展的人，他所发出的声音——站在山巅上发出的独特的、深沉的哲人和诗人的声音，对文学公众的吸引力是无可比拟的，因为这一切在我们的环境中是宝贵的。

您的信在这里已经引起热烈反应，陕西地区正在努力的青年作家很多，您的信——正确地说，是您的风度给了我们一个极强烈的印象。《延河》的几位负责同志都传看了信，很快决定在刊物上发表，谅您会同意的。当然，我很不安，也感到惶恐。我自己的水平和这件事很不相称。我虽然很高兴、但也很痛苦，您会相信这是我的真实心情。

我想把此信作为我那本集子的代序，因为您的信实际上涉及了许多广阔的问题，这件事我要和出版社商量，争取他们的同意。

信已经很长了，又耽搁了您的时间。我现仍在编辑部上班，下半年可能让搞专业，我准备认真扎实地在生活和创作中摸索，以不负您的厚望。

致敬意！

路遥 7/元

第一封信共计两页，写在A4方格稿纸上，落款是12月14日。根据信中内容判断应是1981年12月14日，第二封信写在“中国作家协会西安分会”的A4稿纸上，写信日期是1982年1月7日，这两封信的时间相隔不到一个月。

秦兆阳时任《当代》主编，是大编辑家，而当时的路遥还只是一个新人，仅在地方期刊上发表过一些短篇作品，秦兆阳发现和培养了路遥，成为路遥文学创作道路上的伯乐。他们之间的交往也堪称文学史上编辑与作者互相尊重、彼此成就的典范。二人的相识源于《惊心动魄的一幕》的发表，这是路遥1978年创作的第一部中篇小说，讲述了延川县委书记马延雄在“文革”中为了制止派系之间的武装斗争，维护群众的生命和财产安全，以自我牺牲的方式慷慨就义。它不同于当时的主流“伤痕文学”一味地宣泄，而是另辟蹊径，塑造了“文革”中一心想着群众的县委书记，和自发组织拯救县委书记的农民群像，让读者看到了光明与正义不曾缺席。

1978年，路遥创作完成后曾寄给多家刊物，由于作品没有迎合当时的主流审美，被多家杂志社退稿，这两年的时间曾让路遥一度心灰意冷，甚至准备放弃小说创作，在给朋友的信中，他提到最后将稿子转交给《当代》杂志，如果不刊用，就不必寄回，一烧了之。1980年春天，命运终于眷顾了执着又努力的路遥，就在他绝望之际，收到了来自秦兆阳的长信。信中秦兆阳对《惊心动魄的一幕》作了热情肯定，并同路遥商量修改事宜，在秦兆阳的指导下，修改之后的《惊心动魄的一幕》发表在《当代》1980年第3期。这是路遥第一次在全国性的文学杂志上发表作品，在文学界引起了不小反响，后来又在秦兆阳的力荐下获得了两个有分量的奖项：1979–1981年度《当代》文学荣誉奖、首届全国优秀中篇小说奖。在不断惨遭退稿的等待里，路遥曾对自己创作中篇的能力产生怀疑，一度开始写短篇，正是因为秦兆阳对新人的无私帮助、悉心培养，使路遥受到极大鼓舞，《惊心动魄的一幕》的发表与获奖成为路遥创作生涯上的一个重要转折，这极大提升了路遥的创作自信，之后他孤身一人远赴延安甘泉县，开始创作奠定了其文坛地位的《人生》，正如他所说，“这整个地改变了我的生活道路”。

秦兆阳有鲜明的作者意识，在他看来，编辑应该尊重作者，加强与作者的深入沟通，与作者之间形成良好的互动，才能更好地推动文学的繁荣。面对文坛新人路遥，秦兆阳亦能做到尊重，在编发《惊心动魄的一幕》的过程中，秦兆阳曾去信同路遥“商量”能否来北京修改稿件，后来路遥在回忆里着重强调了“商量”一词的分量，他认为“在地位悬殊的人之间，这是一个罕见的字眼”，秦兆阳却这样认真地同他讲，让他受宠若惊。“不敢以老作家自居”的秦兆阳、平易近人、尊重作者，身为文学新人的路遥更是发自内心的“尊敬”，对秦兆阳的感情“独特而不可替代”。这两封信件开头的称呼都是“尊敬的老秦同志”，纵观目前已经公开出版的70封路遥写给友人的书信，这样的尊称并不多见，更多的是称呼某某同志、某某兄，路遥也曾在随笔《早晨从中午开始》中对“尊敬”一词做过解释，“只有心灵巨大的人才有忘年交朋友。直率地说，晚辈尊敬长辈，一种是面子上的尊敬，一种是心灵的尊敬。秦兆阳得到的尊敬出自我们内心”，由此可见此处“尊敬”一词的分量，它早已超越了普通交往时的礼貌用语，而是出于路遥由衷的敬佩和仰慕。秦兆阳的编辑思想也潜移默化地影响到《当代》杂志社的编辑，由于小说写得比较真实，《当代》原本想按报告文学进行刊发，路遥知道后给责编刘茵去信，谈及自己的想法和顾虑，“这不是写一个具体的真事，我是把我了解的许多事按作品构思的要求虚构的”，并建议按中篇小说刊发，《当代》编辑部最终尊重了作者的意见，也减少了很多不必要的误会。

在这封信里，路遥首次将秦兆阳比作“伟大的涅克拉索夫”。秦兆阳的文学编辑生涯确实是从追随涅克拉索夫开始。1955年，秦兆阳调到《人民文学》任执行副主编，在一次编务会上曾宣称要把《人民文学》办成像俄罗斯的《祖国纪事》和《现代人》一样的一流杂志。在具体实施上，秦兆阳1955年起草了《〈人民文学〉起草方案》，1956年起草了《〈人民文学〉改进计划要点》，提倡现实主义的创作导向和文学形式的多样化，力求每期必发新人新作，以团结和培养作家，提倡编辑的自主性等。身为编辑的秦兆阳，在审稿、与作者沟通的过程中以其敏锐的洞察力相继发现了王蒙、公刘、玛拉沁夫、林斤澜等文坛新人。80年代担任《当代》主编期间，他继续坚持现实主义的文学理想，不断挖掘并帮助新人的成长，如蒋子龙、张炜、刘心武以及路遥等。事实证明秦兆阳的眼光是正确的，这些曾经的文学新人日益成长为文学界的中坚力量。

编辑不仅需要发现培养新人，尊重作者，同时也要帮助作者提高创作水平。身为文学新人的路遥去信希望秦兆阳能为自己即将出版的书作序，秦兆阳在收到来信后，很快便认真写了回信《要有一颗热情的心——致路遥同志》。尽管跨越着时间与空间，我们仍能感受到路遥收到秦兆阳回信时的激动与欣喜，于他而言这是莫大的认可与鼓励。在信中秦兆阳以朋友的口吻与晚辈探讨文学，并以一种欣喜之情高度认可了路遥的中篇处女作《惊心动魄的一幕》，这篇小说摆脱了“伤痕文学”的情绪宣泄，塑造了一位在危难时刻仍一心只想着群众的革命干部，立意高远、细节真切、文字朴素、“实在难得”。秦兆阳别具慧眼地发现路遥“能够捕捉生活里感动人的事物”，“有一颗朴实、真挚而又热情的心灵”，他既肯定了路遥在文学创作上展现出来的天赋与优势，又非常真诚地指出作品在艺术性上的不足。秦兆阳通过一系列引导性的发问与路遥探讨作品的深度与广度，以此来启迪路遥去思考如何深挖、提炼、扩展一部作品，达到“更深沉、更宏大、更美妙”的境界。

秦兆阳在与路遥的交往中真诚坦率，耐心细致、乐于帮助新人。在路遥的回忆性随笔《早晨从中午开始》中提到是秦兆阳“手把手地教导和帮助我走入文学的队列”，在这封回信中，我们更能体会这句话饱含的情感与深意，秦兆阳对待晚辈谦和包容毫无架子，对待文学事业严肃认真，“他的修养和学识使他有可能居高临下地选拔人才和人物，并用平等的心灵和晚辈交流思想感情”。

秦兆阳认为一名优秀的编辑一定要熟悉文学现状，对未来的发展具有预见性和前瞻性，从而在创作理念和艺术审美上可以引导作者，能及时地为作者指点迷津。路遥信中提到的“子龙”，即作家蒋子龙，曾发表作品《乔厂长上任记》，是“改革文学”的代表性作家。当时蒋子龙也把《赤橙黄绿青蓝紫》初稿交给了《当代》，小说描绘了解净、刘思佳等几位性格迥异的年轻人之间的爱恨纠葛与情感冲突，展现了经历十年动乱之后的意识逐渐觉醒，启示青年要把美好的时光投入到改革开放的时代洪流中，书写更加绚丽的人生篇章。小说贴近时代脉搏，与秦兆阳的编辑思想不谋而合，当时秦兆阳认为“要把重心放在写改革时代的新社会生活上面。我们既要敢于深入揭示改革中的矛盾，又要给人以信心”。秦兆阳对《赤橙黄绿青蓝紫》评价很高，认为可以刊发在头条，当时他正在给蒋子龙写回信，在看完作品后又加写了一部分对作品的评价，这封题为《漫谈格调（答蒋子龙同志）》的回信也与小说一起刊登在1981年《当代》第四期，正如路遥在信中所说作品发表以后影响很大，获得中国作协第二届全国优秀中篇小说奖，同时被改编成同名电视剧。面对蒋子龙关于文学创作的构思问题以及创作道路如何选择的困惑，在回信中，秦兆阳以《三国演义》《水浒传》等古典名著为例，细致分析一些经典段落的构思创作，解释文学创作中如何处理别具匠心的“真材实料”与“似曾相识”的一般化问题，并对《赤橙黄绿青蓝紫》作了分析和评价，他认为蒋子龙能够“别具只眼”地从生活里观察、思索、提炼出“真材实料”，小说情节“颇具匠心”“内涵丰富”，有其独到之处。在信中秦兆阳肯定了蒋子龙的创作道路是正确的，也诚恳指出作品的不足，如细节处理不到位、作品张力不够等，同时对其提出了更高的要求，作品要闪耀着“智慧、才能和品德”的光环，形成“耐人寻味”、有高级趣味的格调，并有创作者个人的风格等。其实蒋子龙在作品完成后内心是忐忑的，他自己不甚满意，“红着脸”把小说寄给了《当代》，秦兆阳透过作品看到蒋子龙在创作实践中的不断探索，并及时给予正面的回应和指导，帮助作者成长，也让我们看到了风靡一时的经典小说。

路遥曾说，“在中国老一辈作家中，我最敬爱的是两位，一位是柳青，一位是秦兆阳。”柳青是他的精神导师，是路遥现实主义文学创作传统的直接来源，而秦兆阳则进一步在文学理论领域为他厘清问题、指明方向。秦兆阳在《现实主义——广阔的道路》一文中指出“人们在文学艺术创作的整个活动中，是以无限广阔的客观现实为对象，为依据，为源泉，并以影响现实为目的，而它反映的现实，又不是对于现实作机械的翻版，而是追求生活的真实和艺术的真实”。他的这种观点，在给路遥写的回信中也得到了进一步体现，他在信中感叹漓江的秀美、石林的奇幻以及人民的劳动等等，这些“客观世界的美”，正是文学艺术需要描写的对象。秦兆阳的现实主义理论让作家们正确地深刻地认识生活，从广阔的客观现实世界中汲取灵感，并能对现实世界有所启示，这些观点对路遥的创作影响深远。

在上世纪80年代后期，各种西方文学思潮传入国内，当时的作家们开始纷纷涌入现代主义和后现代主义的领地，现实主义被贴上“落后”“过时”的标签，路遥却认为“现实主义文学在文学中的表现，绝不仅仅是一个创作问题，而主要应该是一种精神。”“也许现实主义可能有一天会‘过时’，但在现有的历史范畴和以后相当长的时代里，现实主义仍然会有蓬勃的生命力。生活和艺术已证明并将继续证明这一点。”他不受外部环境的影响，始终坚持现实主义文学道路，在具体的创作实践中证明了现实主义的旺盛生命力，写出了《平凡的世界》这样经久不衰的作品。

这些书信往来，展现了编辑与作者之间的良性互动，他们互相尊重、彼此成就，路遥在信中谦卑得像小学生，将自己的点滴进步都归功于秦兆阳的帮助，他的尊重与敬仰发自肺腑；秦兆阳发现路遥、蒋子龙的才华，在回信中也处处体现着编辑对作者的人文关怀，“自己写不好作品”“相信路遥同志你能够做到”，生怕批评之处挫伤了作者的自尊心。秦兆阳给年轻作者的回信既有对作品的肯定，又有深度的思考，信中所涉及的编辑案例，不过是秦兆阳整个编辑生涯中极少的一部分，他亦是如此毫无保留地帮助其他作者，“不看门第而竭尽全力真正关怀文学事业发展”，无私奉献、甘为人梯。

一位文学新人最终能成为享誉国际的知名作家，一部作品能拥有旺盛的生命力，经久不衰，都离不开编辑勤恳的付出，编辑也需要不断地发现和培养新人，保持文坛的活力。在当代的社会语境中，这些编辑理念对于探讨编辑与作者的关系，编辑如何更好地培养作者仍具有一定的现实意义，值得我们学习借鉴。

深巷 冯骥才 作

过龙门

□任林举

起自黄河上的这场晨雾，轻易就模糊了时光与流水的界限。龙门在望，却不知如何才能真正抵达或跨越。此时，只有流水的声音是清晰的，只有鱼在水下叫嚷和尾鳍拍击水面的声音是清晰的。

这样的气象，很容易让人的视野和意识陷入混乱，恍惚时甚至无法辨明天空与大地、水流与礁石、河道与岩岸、人与鱼所在的确切位置。船工或渔民只能在岸边徘徊或聚在船上说话，而声音却如同从水中传出。我听到其中一个声音说，黄河里的鱼都有灵性，实在是难捕啊！随便哪一条都是“肚腹三两金、脊背二两银”，只要它们在水里瞄一眼，就能看出岸上或船上的人是好人还是坏人。

然而，既然是鱼，就难以摆脱鱼的命运。人们看见的或想象的，鱼在水里自由自在地游，就如同人在马路或广场上自由走动，状若无忧无虑，实际上都要面对各种生存危机或压力。大鱼吃小鱼，小鱼吃虾米，同类间无论如何和谐共处，也还要进行生存竞争。更可怕的还是天敌和人类的捕杀，一旦被天敌盯上，误食诱饵或误入网罗，多半会大难临头，一条鱼就不再是鱼，而是案板上或锅灶里的肉、被吃的一盘“菜”。隐在雾里的人又说，当罗网落下或洪水来临，你就会听到鱼或恐惧或痛苦的叫喊，我很怀疑，也很相信。

毕竟是孕育了几千年中华文明的古老黄河，毕竟是黄河水养大的鱼，怎样的兴衰荣辱和生死悲欢没有经历过，怎样不可思议的奇迹不能在它们身上发生？至少，从始至终它们都没有放弃过改变命运的努力，似乎也真找到了改变命运的传奇方式。

未到山西运城、未识龙门雄姿之前，我只听说过“鲤鱼跃龙门”的传说。在民间，从古至今，鲤鱼通过跨越神奇龙门改变自己命运的故事从来没有停止过流传和演绎。相传，禹辟伊阙以后，水流湍急，游息于孟津黄河中的鲤鱼，循洛伊之水逆行而上，至伊阙龙门时，波浪滔天，纷纷跳跃，意欲翻过。跳过者为龙，跳不过者退而复为鲤鱼，且额头上便留下一道黑疤。至宋代，又有《埤雅·释鱼》记：“俗说鱼跃龙门，过而为龙，唯鲤或然。”直至清代，仍有人在为这个传说添枝加叶。清李元《蠕范·物体》：“鲤……黄者每岁季春逆流登龙门山，天火自后烧其尾，则化为龙。”

我明明知道这些不过是现实之外的传说，但面对雾里龙门之时，头脑中还是不由自主地呈现出了一幅鱼跃龙门的生动图画。千万条鱼，齐聚关前，争先恐后地游动，搅起了河底的泥沙，搅起了河面的涡旋，使河水看起来如糖浆般浓稠、凝滞。突然，仿佛有神秘指令的号召，水中的鱼如万箭齐发，纷纷从水中跃起，带着水，裹着雾，拼尽生命里全部能量向前方的石壁或云天撞去。瞬时，龙门之上或一虹飞架或血溅银鳞，一片悲壮。

李白也曾有诗《赠崔侍郎》说到鱼跃龙门：“黄河二尺鲤，本在孟津居，点额不成龙，归来伴凡鱼。”一旦飞跃成功，一条只能潜游在水里的鱼，就会成为腾云驾雾、呼风唤雨的龙，从此彻底摆脱屈辱的历史、压抑的现实，就不用“归来伴凡鱼”了，也不会再受“凡鱼”所必然承受之惊、之恐、之苦、之痛。如此这般，竟有一点说不清，这一跃成龙的理想，究竟是鱼儿都有的向往，还是人类都有的夙愿。

晓雾渐开，龙门终于显露出它本来的面貌。数千里黄河从上游浩浩荡荡奔来，过石门后河道突然收窄，巨大的流量和落差集中于几十米宽的河道里，自然蓄积了巨大的能量和冲击力。不知是因为高速水流的切割还是这古老的河流天然的威严令万物望而却步，竟然吕梁山遇到了黄河都不再前行，只在岸边留下一段陡峭的岩壁。

黄河过龙门口之后河道突然扩张、变宽，河流积蓄的势能，瞬间转换成不可抵挡的动能，河水如万马奔腾，大有一泻千里之势。不需要地势上有多大的落差，仅凭着湍急的流水，就已经构成鱼儿向上游进发的屏障或抽象的“高度”。面对这样猛烈的冲击，对人类而言，也堪称艰难险阻。

据说，在那些没有马达助推的年代，旧日的渔船或货船逆水上行至龙门口时，船两侧各需要四五个纤夫，赤脚光背拖着长长的纤索，沿河边的羊肠小道弓身前行，才可以拖着船缓缓移动。至石门峭壁之下，纤夫们再无立足之地，需要纷纷登船，手抓竹竿，用铁钩钩住崖上的铁环，双脚蹬住船舱隔板，口喊号子，弯腰弓背，次第交错，一尺一寸地将船“挪”向上游。

因为河道大开迅速消耗了河水的能量，龙门以下的河水流速也渐渐舒缓，河面变得安静、平展，如突然打开的一把扇子，如汪洋恣肆的大湖，不但滋养了流域内的亿万亩良田，也滋养了深远的黄河文明。因为地灵，所以人杰。仅处于河口的河津一地，就曾出现过司马迁、王勃、薛仁贵等人文巨擘，再向下游，放眼整个运城，更有张仪、关云长、王之涣、王维、柳宗元、司马光等文武星宿，更久远的还有女娲补天、黄帝战蚩尤、舜耕历山、禹凿龙门、嫘祖养蚕、后稷稼穑等文明肇始的传说。如此众多令人仰望的高原和高峰，足以佐证这一地区正是华夏五千年文明的上游、历史的上游的又一个“龙门”。如此说来，龙门，不仅仅是河津的龙门，更是运城的龙门、山西的龙门、中华民族的龙门。

雾散之后，接下来便是云开见日，阳光从白云的缝隙中柔和地洒下来，仿佛从天上倾泻而下的蓝色透明的水，与两岸的青山、红色的石崖、赭黄色的河水以及我们正在移动的白色的船体构成了一曲色彩的交响。这时，龙门左侧的梯子崖定传来阵阵欢呼，原来是一群精神抖擞、充满朝气的年轻人，大概是一些刚刚参加完高考的学生。据随队的导行人员介绍，每年高考之后这里都会有大量来自全国各地的学子“过龙门、登天梯”。有的人是为了讨一个吉祥如意的好彩头，以便顺利通过高考，上一个名牌或重点大学，以取“龙门得跃，飞黄腾达”之意。但我认为，更多学子的黄河之游一定不是局限于世俗之念，而是另有更高的境界。当人生之路告一段落，借两场跋涉之间的短暂间隙饱览一下祖国的大好河山，通过畅游这条孕育了中华文明的母亲河，身心合一，跃一次龙门、登一次天梯，感悟梦想和追求实现过程中的艰难，体会龙门传说的真正内涵，进而汲取更加深厚的精神动力，带着某种更加远大的抱负，走向人生的另一段旅程。

船过龙门，逆水直奔上游的石门。从石门继续上行，便进入了陕西地界。《墨子·兼爱中》记载：“古者禹治天下……凿为龙门，以利燕代胡貉与西河之民。”我没有考证过“西河”的确切所指，将其理解为比山西、陕西和整个黄河流域更加广大、深远之虚指，那当是中华古国五千年的故土、文化、传统和历史。

没想到，这一段黄河两岸的风光，竟是那样的美妙、奇崛。嶙峋的山石与厚重的黄土、远处的平坝与近处的悬崖、仿佛凝滞的河水与快速闪过的河岸……平阔中蕴藏着险峻、深远，险峻中又包含着平和、柔媚，互为引申，相映成趣，深深地吸引着人们的目光，触动人们的思绪。然而，尽管流连忘返，船至石门仍然要返身折回。凡事皆有限度，即便是一条成功越过龙门的鱼，游至石门大约也已经完成了由鱼而龙的幻化，自然没有继续前行的必要了。更何况凡夫俗子如我们，人生的下一程，需要拿出更多的时间和力气向更难、更高处攀登。

可能因为回程顺水的关系，轮船的马达也不像逆水时那样喧嚣，安静了很多，行船也轻盈了很多。本来笨重的钢铁巨物，竟悠悠然有如“轻舟”。船过处，仍可见河面上一处接一处的涡旋，似有很多巨物在水中游弋、翻腾，莫非水底潜藏的正是鲤鱼所化之龙吗？

船终究还是停了下来。即将上岸之际，我再一次回望这古老的河流，只见河水卷着浓重的泥沙，正汹涌澎湃、不知疲倦地向远方奔流。逆光中，仿佛一河金色的油彩，在两岸青山之间纵情地挥洒勾勒，描绘一个酝酿了五千年的梦想和蓝图。

第二篇

商报荟萃

SHANGBAO HUICUI

中國 新聞 2022年7月14日 星期四 責任編輯 祁謙 田詩文 Hong Kong

第十四屆海峽論壇大會在廈門舉行

汪洋：融合發展契合兩岸心願

【香港商報訊】據新華社報道，中共中央政治局常委、全國政協主席汪洋13日在廈門出席第十四屆海峽論壇大會並致辭。

汪洋指出，海峽論壇是兩岸民間交流合作的盛會，也是同胞之間互訴親情、共話桑麻的平台。兩天前，習近平總書記給參加海峽論壇的部分台灣青年回信，體現了對台灣青年的親切關懷，也體現了對海峽論壇的高度重視。兩岸青年要響應習近平總書記的號召，同心同行、攜手打拚，團結更多台灣青年來大陸追夢、築夢、圓夢，讓青春在民族復興的偉大進程中綻放異彩。

論壇大會開場茶舞表演。 香港商報記者胡薇 攝

汪洋強調，兩岸同胞是血濃於水的一家人。中共十八大以來，我們貫徹新時代黨解決台灣問題的總體方略，堅持一個中國原則和「九二共識」，推動兩岸關係和平發展，不斷完善保障台灣同胞福祉和在大陸享受同等待遇的制度和政策，努力爲台灣同胞特別是台灣青年來大陸學習、就業、創業、生活創造良好條件。正是有強大祖國做依靠，台灣同胞的民生福祉才會更好，發展空間才會更大。

在閩期間，汪洋還在廈門參觀「共同家園 共同記憶——閩台關係檔案文獻展」，考察漳州市兩岸青年創業基地和台資企業。他指出，深化兩岸融合發展，契合兩岸同胞共同心愿，是實現祖國和平統一的必由之路。各地區各有關部門要腳踏實地落實好黨中央相關決策部署和惠台利民政策措施，實現以通促融、以惠促融、以情促融。要採取更加靈活的措施，爲台灣青年來大陸就業創業提供便捷高效的服務，使他們眞切感知祖國發展成就和光明前景，願意來、留得下、融得進。要幫助台資企業克服疫情帶來的人流、物流障礙，落實財稅、金融等紓困政策，促進台商投資量穩質增。要支持福建探索海峽兩岸融合發展新路，推進閩台應通盡通，深化科技、教育、文化、衛生等領域合作，建設兩岸融合發展示範區。

第五屆兩岸基層治理論壇舉行

【又訊】記者胡薇廈門報道：由全國政協港澳台僑委員會和福建省政協主辦的第十四屆海峽論壇·第五屆兩岸基層治理論壇13日在廈門舉行。來自海峽兩岸的200餘名基層民意代表和相關界別代表人士圍繞「繁榮發展鄉村文旅經濟」主題開展廣泛深入交流。

全國政協副主席、台盟中央主席蘇輝指出，鄉村興則國家興，沒有鄉村的全面振興，就沒有中華民族的偉大復興。廣大台灣同胞是中華民族的大家庭成員，在推進鄉村全面振興、實現民族偉大復興的進程中，台灣同胞定然不能缺席。希望兩岸同胞攜手同心繁榮發展鄉村文旅經濟，共同推進鄉村全面振興。

中國國民黨前主席、中華青雁和平教育基金會董事長洪秀柱表示，今年論壇圍繞「繁榮發展文旅經濟」這個主題，抓住了疫情時期消費群體的新需求和文旅經濟的突破口，幫助兩岸鄉村相互借鑒好的做法，促進兩岸文脈相連、人心相通、融合發展，具有重要意義。

「著名作家看山西」採風活動在運城啓動

啓動儀式現場。郭佳林 攝

【香港商報訊】13日，由山西省文化和旅遊廳主辦，山西省作家協會協辦，香港商報承辦的第七屆「著名作家看山西」採風活動在山西運城市啓動。山西省文旅廳副廳長、一級巡視員李貴在啓動儀式上講話並向採風團作家代表授旗。

運城地處山西最南端，人傑地靈、風光旖旎。境內有人們耳熟能詳的全球三大鹽湖之一的運城鹽湖、德孝文化起源地舜帝陵、天下第一武廟解州關帝廟、海內祠廟之祖萬榮后土祠、東方壁畫藝術寶庫芮城永樂宮、《西廂記》愛情故事發生地普救寺、四大名樓之一永濟鸛雀樓、慈善世家萬榮李家大院、聞喜裴氏「中華宰相村」等聞名遐邇的歷史遺存；還流傳着堯王訪賢、舜耕歷山、禹鑿龍門、嫘祖養蠶、后稷稼穡、伯樂相馬等優美動人的傳說，匯聚着三國名將關羽，八仙之一呂洞賓，思想家荀況，史學家司馬光，文學家王勃、王維、王之渙，戲劇家關漢卿等一大批文武俊秀。

以中國作家協會副主席閻晶明爲團長、由全國10名著名作家組成的採風團將在運城進行爲期一周的調研採風。參加此次採風活動的作家，還有八一電影製片廠原廠長、茅盾文學獎獲得者柳建偉，中國報告文學學會會長、魯迅文學獎獲得者徐劍，《中國武警》雜志主編、魯迅文學獎獲得者王久辛，《紅岩》雜志主編、著名書法家劉陽，中國報告文學學會副會長、魯迅文學獎獲得者任林舉，中國作家協會社會聯絡部主任、文學博士李曉東，山西省作家協會黨組成員、副主席、《山西文學》主編魯順民，山西省作家協會副主席、魯迅文學獎獲得者葛水平，山西省作家協會副主席楊遙。

「著名作家看山西」採風活動旨在從文學的視角解讀山西的人文歷史和優美景觀，以文學的影響力來解讀山西、宣傳山西，創作出更多歷史與時代需要的作品，全面提升山西旅遊文化在全球的知名度和影響力，爲山西全方位推動高質量發展提供強有力的文學支持。目前，「著名作家看山西」系列採風活動已成爲「講好山西故事，傳播山西聲音，展示山西形象」的品牌文化活動，受到廣泛關注，影響力日益深遠。

林宇 池宇

01 |

“著名作家看山西”采风活动在运城启动

【香港商报讯】7月13日，由山西省文化和旅游厅主办，山西省作家协会协办，《香港商报》承办的第七届“著名作家看山西”采风活动在运城市启动。山西省文化和旅游厅副厅长、一级巡视员李贵在启动仪式上讲话并向采风团作家代表授旗。

运城地处山西最南端，人杰地灵，风光旖旎，境内有人们耳熟能详的全球三大盐湖之一的运城盐湖、德孝文化起源地舜帝陵、天下第一武庙解州关帝庙、海内祠庙之祖万荣后土祠、东方壁画艺术宝库芮城永乐宫、《西厢记》爱情故事发生地普救寺、四大名楼之一永济鹳雀楼、慈善世家万荣李家大院、闻喜裴氏“中华宰相村”等闻名遐迩的历史遗存；还流传着尧王访贤、舜耕历山、禹凿龙门、嫘祖养蚕、后稷稼穑、伯乐相马等优美动人的传说，汇聚着三国名将关羽，八仙之一吕洞宾，思想家荀况，史学家司马光，文学家王勃、王维、王之涣，戏剧家关汉卿等一大批文武俊秀。

以中国作家协会副主席阎晶明为团长、由全国10名著名作家组成的采风团将在运城市进行为期一周的调研采风。参加此次采风活动的作家，还有八一电影制片厂原厂长、茅盾文学奖获得者柳建伟，中国报告文学学会会长、鲁迅文学奖获得者徐剑，《中国武警》杂志主编、编审，鲁迅文学奖获得者王久辛，《红岩》

杂志主编、著名书法家刘阳，中国报告文学学会副会长、鲁迅文学奖获得者任林举，中国作家协会社会联络部主任、文学博士李晓东，山西省作家协会党组成员、副主席、《山西文学》主编鲁顺民，山西省作家协会副主席（现为山西省文联主席）、鲁迅文学奖获得者葛水平，山西省作家协会副主席杨遥。

“著名作家看山西”采风活动旨在从文学的视角解读山西的人文历史和优美景观，以文学的影响力来解读山西、宣传山西，创作出更多历史与时代需要的作品，以全面提升山西旅游文化在全球的知名度和影响力，为山西全方位推动高质量发展提供强有力的文学支持。目前，“著名作家看山西”系列采风活动已成为“讲好山西故事，传播山西声音，展示山西形象”的品牌文化活动，受到广泛关注，影响力日益深远。（林宇 池宇）

（本文刊发于2022年7月14日《香港商报》）

當作家遇上「河東」

「第七屆著名作家看山西 運城行」採風活動側記

盛夏的運城，雨水頻仍，給熱情似火的城市增添了幾分柔情，彷彿在用最溫馨、最貼心的禮節迎接遠道而來的客人。

運城，古稱河東，是中華民族重要發祥地之一。7月12日至18日，「第七屆著名作家看山西」採風團一行走進河東大地，進行了為期一周的採風考察活動。

期間，來自全國的10位知名作家深入運城市萬榮縣、河津市、稷山縣、夏縣、芮城縣、永濟市及鹽湖區等7個縣（市、區），深入感受並體驗了當地的悠久歷史、燦爛文化及壯美風光，留下了許多難忘的瞬間及動人的故事。

林宇 池羽

山西省文化和旅遊廳副廳長、一級巡視員李賁（右七），運城市委常委、宣傳部長、統戰部長王志峰（左八），運城市文化和旅遊局黨組書記、局長陳小光（左六）等省市領導與中國作家協會副主席閻晶明（右八）為團長的採風團一行在啓動儀式上合影留念。 郭佳林攝

暢遊龍門 領略壯美風光

黃河西來決昆侖，咆哮萬里觸龍門。在河津市龍門景區，乘船穿越龍門後，中國報告文學學會副會長、魯迅文學獎獲得者任林舉忍不住連連讚嘆：「太震撼了！太震撼了！」

龍門，位於晉陝大峽谷南段，是傳說中「禹鑿龍門、魚躍龍門」故事發生地。這裏壁立千仞、水勢浩蕩，最窄處的石門，僅38米寬，景色極爲雄美、壯觀。

乘船逆流而上，望着滔滔大河翻滾着浪花一路南去，作家們的興致大爲高昂，紛紛吟誦起了有關讚美黃河的詩句：黃河之水天上來，奔流到海不復回；黃河遠上白雲間，一片孤城萬仞山……

作家王久辛坐在船上看着滾滾黃河心潮澎湃，激動不已，情不自禁地高聲朗誦：「朋友，你到過黃河嗎？你渡過黃河嗎……」

來自重慶的著名書法家、《紅岩》雜志主編劉陽，更是「手舞足蹈」、聲情並茂地唱起了《人說山西好風光》。

整個採風期間，劉陽不止一次告訴大家，儘管她是重慶人，卻特別喜歡《人說山西好風光》這首旋律極其優美的歌曲。

的確，這首歌，這幾天，她可沒少唱。

壯美的景色，怎麼能缺少了書法的助興。本次採風團團長、中國作協副主席閻晶明，面對着滾滾而去的黃河，即興揮毫潑墨，書寫了「龍門勝景」四個大字。在他的提議下，衆作家紛紛在作品上留下了自己的名字。

閻晶明說，龍門，是大自然鬼斧神工的結果。黃河沖出龍門後，頓時變得開闊和舒暢起來，並孕育了河東文明。幾千年來，這裏形成了獨特的文化風貌，湧現出許多文化名人。如何將龍門的自然景觀、歷史文化及當代成就書寫出來，是當代作家的責任。

中國報告文學學會會長、魯迅文學獎獲得者徐劍，也書寫了一幅作品——「魚躍龍門」。

徐劍感嘆道，龍門到石門這一段，旅遊資源稟賦實在太好了，完全可以和壺口瀑布相媲美。兩岸的風光也很迷人。此外，不遠處的黃河梯子崖崖壁上還有北魏時期留下的古棧道，登高古棧道，黃河一眼收。景區應該更進一步升級，並賦予更多的文化符號和含義，將這裏打造成爲全國中、高考學子們嚮往或神往的地方。

任林舉則表示，龍門，不僅僅屬於運城，屬於山西，它也是我們中華民族的龍門。我們現在所處的這個時代，正是中華民族實現偉大復興的時代，這其實也是一次躍龍門。

採風期間，作家們亦紛紛爲龍門景區的發展前景提出了一些建設性的意見和建議。其中，山西省作協副主席楊遙表示，鯉魚躍龍門這個神話傳說故事，在中國可謂是家喻戶曉、婦孺皆知。景區可以增加「躍龍門」這個項目。比如設置一個地方，人們只要跳過去，就算是躍過龍門了。

採風團在解州關帝廟考察。 郭佳林攝

採風團在李家大院考察。 薛俊攝

沉醉美景 步履且緩而姍

萬榮縣李家大院，是本次採風行程的第一站。

李家大院始建於清道光年間，整個大院錯落有致、造型奇特，傳統的北方民間四合院中，間或有部分徽式及歐式風格建築，堪稱南北交融、中西合璧，尤其是李家以「善」立世的傳統優良家風，給作家們留下了極爲深刻的印象，也讓作家們留戀不已，不知不覺就放慢了腳步。

山西省作協副主席、魯迅文學獎獲得者葛水平，更是沉醉其中。「李家大院，我是第一次來，沒想到，與山西的其他大院相比，這裏一點也不遜色。一個家族，能夠以誠信立、以善爲本，這正是我們民族憂患意識的體現，同時也是華夏五千年文明得以持續傳承的重要法寶。」葛水平感嘆道。

風微來，雨驟起，房檐上垂下道道雨簾，湖面上泛起朵朵漣漪。但作家們依然興致勃勃，依然在細細地品摩着眼前的一切。古樸靜謐的院落裏，滄桑的石雕、精緻的窗櫺、別具一格的糧倉及馬頭牆，讓大家久久不願離去。

運城，是關公故里。解州關帝廟，則是中國現存始建最早、規模最大、建制最高、保存最全的關帝廟宇，被譽爲「關廟之祖」「武廟之冠」。在這裏，作家們完全被廟宇的恢宏建築和雄偉氣勢所震撼，再一次步履遲緩，姍姍而行。

「這麼美的地方，一定要細細品，慢慢看……」

「去過全國很多地方的關帝廟，沒想到解州關帝廟這麼宏偉，這麼壯觀，規模這麼大……」

「剛才在牆上看到的龍虎畫像，太美了，太漂亮了……」

「抽時間，我一定要再來一次解州關帝廟……」

作家們你一言我一語，幾乎每個人都痴迷其中，意猶未盡。

其實，整個採風活動中，當地的許多著名景區和景點，都令作家們由衷讚嘆，前行的腳步，也一再放慢。其中，在芮城縣永樂宮，《中國武警》雜志主編、魯迅文學獎獲得者王久辛，就是最後一個從宮裏走出來的。他說：「看完宮裏的壁畫，心情特別激動，這幾乎是夢中呈現的一種場景。」

永樂宮内 品鑒壁畫之美

採風團在永樂宮考察。 郭佳林攝

芮城縣永樂宮的行程，被安排在7月16日。採風活動剛開始，有作家就問：「啥時候去永樂宮呀？」

永樂宮，是中國道教三大祖庭之一，也是現存最大的元代道教宮觀，佔地面積24.8萬平方米。宮殿始建於公元1247年，1358年竣工，歷時111年。殿內的壁畫，是世界現存的古代壁畫藝術寶庫之一，素有「東方藝術畫廊」之美譽。

作家們赴永樂宮考察當天，天公作美，微風習習，小雨沙沙，氣候異常涼爽宜人。大家細細地觀賞着、品味着，莊嚴肅穆的建築和精妙絕倫的壁畫，漸漸地讓大家忘記了自我。

到永樂宮之前，徐劍就多次聽人說，「那地方非常值得去，令人難忘。」一去，果然非同凡響。

「有一種頂禮膜拜的感覺，很是讓人激動。這裏的壁畫，無論是繪製的筆法、色彩，還是藝術的創造性，與敦煌壁畫相比，均有過之而無不及。」徐劍說。

一直到採風結束，徐劍還在念念不忘地感慨着：「眞的沒想到，在芮城縣這麼小的一個地方，竟然會保存着這麼一個中國美術文化的極品和傑作，甚至可以說是巔峰之作。這裏的壁畫，有漢唐風韻的傳承，也可以說是宋文化達到巔峰之後的一個必然結果。非常讓人嚮往，也非常令人神往。」

同時，徐劍也認爲，永樂宮的知名度還需要再提高。「這麼美的東西，怎麼能藏在深閨人未知呢？」

採風趣聞 感受名家風範

運城，是王勃、柳宗元、司馬光等歷史文化名人的故鄉，文化底蘊極爲厚重。全市共有各種文化旅遊景點逾1600處。其中，全國重點文物保護單位90處，是全國重點文物保護單位數量最多的地級市。

採風過程中，作家們還去了很多地方，如：萬榮縣后土祠、黃河文化雕塑博覽園，稷山縣國家板棗公園、馬趵泉古村落，夏縣司馬光祠、宇達青銅文化產業園，運城博物館、河東池鹽博物館，芮城縣永樂宮、廣仁王廟、城隍廟，永濟市普救寺、蒲津渡遺址、鸛雀樓，河東書房、常平關帝家廟，等等。期間，也發生了許多耐人尋味的故事。

如：在萬榮縣后土祠，作家們站在恢宏高聳的秋風樓上，憑欄遠眺黃河與汾河交匯處，齊聲吟誦漢武帝劉徹所寫的千古絕唱《秋風辭》，「秋風起兮白雲飛，草木黃落兮雁南歸……」

在后稷故里——稷山縣國家板棗公園，作家們受到棗農的熱烈歡迎。他們敲起鑼，打起鼓，一個個熱情洋溢、精神煥發。節目完畢後，作家王久辛忍不住拿起鼓槌，向棗農學起了如何敲鼓。

在全國重點文物保護單位——芮城縣城隍廟，有一尊古樸可愛的石獅子，超級呆萌，歪着腦袋，耷拉着眼皮，像極了一個犯錯後接受家長批評的孩子。作家楊遙特別喜歡這尊石獅，拍了許多照片。同時，他還建議，當地完全可以以這尊石獅爲原型，創作出許多文創產品，並將其打造成中國第一呆萌石獅。

在永濟市蒲津渡遺址的黃河大鐵牛旁，八一電影製片廠原廠長、茅盾文學獎獲得者柳建偉感慨地說：「大鐵牛印證了大唐的輝煌，厚重的文化，必然會使運城的發展彎道超車、後來居上。」

在中國四大文化名樓之一的永濟市鸛雀樓，著名書法家劉陽寫下了王之渙那首氣勢磅礴的《登鸛雀樓》，「白日依山盡，黃河入海流。欲窮千里目，更上一層樓」。

在夏縣的宇達青銅文化產業園，作家們被這裏的精美青銅文化藝術產品深深吸引，他們驚嘆於包括2022北京冬奧會的青銅禮器《冬奧之尊》及茅盾文學獎獎盃在內的很多青銅製品都出自這個企業。

在鹽湖區河東書房，中國作協社會聯絡部主任李曉東是最後一位從書房走出來的作家，他打算好好寫寫河東書房。他說：「河東書房，對我的觸動比較大。最近，中國作協社會聯絡部成立了一個全民閱讀辦公室，下一步，將會與運城市有關單位聯繫，爭取爲河東書房授一塊全民閱讀示範基地的牌子……」

山西省作協副主席魯順民則對本次運城之行感慨萬千。他說：「每一次去運城，有每一次的體悟，每一次都是懷着探望老朋友的心情前往和離開，門前折柳，陌上花開，惜別的同時，更多的是回味與感動。」

採風團在后土祠考察。 薛俊攝

採風團在國家板棗公園考察。 薛俊攝

城隍廟石獅的呆萌可愛吸引作家們紛紛駐足拍照。 薛俊攝

02 | 当作家遇上“河东”——“第七届著名作家看山西运城行”侧记

盛夏的运城，雨水频仍，给热情似火的城市增添了几分柔情，仿佛在用最温馨、最贴心的礼节迎接远道而来的客人。

运城，古称河东，是中华民族重要发祥地之一。7 月 12 日至 18 日，“第七届著名作家看山西”采风团一行走进河东大地，进行了为期一周的采风考察活动。

其间，来自全国的 10 位知名作家深入运城市万荣县、河津市、稷山县、夏县、芮城县、永济市及盐湖区等 7 个县（市、区），深入感受并体验了当地的悠久历史、灿烂文化及壮美风光，留下了许多难忘的瞬间及动人的故事。

沉醉美景 步履且缓而姗

万荣县李家大院，是本次采风行程的第一站。

李家大院始建于清道光年间，整个大院错落有致、造型奇特，传统的北方民间四合院中，间或有部分徽式及欧式风格建筑，堪称南北交融、中西合璧，尤其是李家以“善”立世的传统优良家风，给作家们留下了极为深刻的印象，也让作家们留恋不已，不知不觉就放慢了脚步。

山西省作协副主席（现为山西省文联主席）、鲁迅文学奖获得者葛水平，更是沉醉其中。“李家大院，我是第一次来，没想到，与山西的其他大院相比，这里一点也不逊色。一个家族，能够以诚信立、以善为本，这正是我们民族忧患意识的体现，同时也是华夏五千年文明得以持续传承的重要法宝。”葛水平感叹道。

风微来，雨骤起，房檐上垂下道道雨帘，湖面上泛起朵朵涟漪。但作家们依然兴致勃勃，依然在细细地品摩着眼前的一切。古朴静谧的院落里，沧桑的石雕、精致的窗棂、别具一格的粮仓及马头墙，让大家久久不愿离去。

运城，是关公故里。解州关帝庙，则是中国现存始建最早、规模最大、建制最高、保存最全的关帝庙宇，被誉为“关庙之祖”“武庙之冠”。

在这里，作家们完全被庙宇的恢宏建筑和雄伟气势所震撼，再一次步履迟缓，姗姗而行。

“这么美的地方，一定要细细品，慢慢看……”

“去过全国很多地方的关帝庙，没想到解州关帝庙这么宏伟，这么壮观，规模这么大……”

“刚才在墙上看到的龙虎画像，太美了，太漂亮了……”

“抽时间，我一定要再来一次解州关帝庙……”

作家们你一言我一语，几乎每个人都痴迷其中，意犹未尽。

其实，整个采风活动中，当地的许多著名景区和景点，都令作家们由衷赞叹，前行的脚步，也一再放慢。其中，在芮城县永乐宫，《中国武警》杂志主编、鲁迅文学奖获得者王久辛，就是最后一个从宫里走出来的。他说：“看完宫里的壁画，心情特别激动，这几乎是梦中呈现的一种场景。”

畅游龙门　领略壮美风光

黄河西来决昆仑，咆哮万里触龙门。在河津市龙门景区，乘船穿越龙门后，中国报告文学学会副会长、鲁迅文学奖获得者任林举忍不住连连赞叹：“太震撼了！太震撼了！”

龙门，位于晋陕大峡谷南段，是传说中“禹凿龙门、鱼跃龙门”故事发生地。

这里壁立千仞、水势浩荡，最窄处的石门，仅38米宽，景色极为雄美、壮观。

乘船逆流而上，望着滔滔大河翻滚着浪花一路南去，作家们的兴致大为高昂，纷纷吟诵起了有关赞美黄河的诗句：黄河之水天上来，奔流到海不复回；黄河远上白云间，一片孤城万仞山……

作家王久辛坐在船上看着滚滚黄河心潮澎湃，激动不已，情不自禁地高声朗诵："朋友，你到过黄河吗？你渡过黄河吗……"

来自重庆的著名书法家、《红岩》杂志主编刘阳，更是"手舞足蹈"、声情并茂地唱起了《人说山西好风光》。

整个采风期间，刘阳不止一次告诉大家，尽管她是重庆人，却特别喜欢《人说山西好风光》这首旋律极其优美的歌曲。

的确，这首歌，这几天，她可没少唱。

壮美的景色，怎么能缺少了书法的助兴。本次采风团团长、中国作协副主席阎晶明，面对着滚滚而去的黄河，即兴挥毫泼墨，书写了"龙门胜景"四个大字。在他的提议下，众作家纷纷在作品上留下了自己的名字。

阎晶明说，龙门，是大自然鬼斧神工的结果。黄河冲出龙门后，顿时变得开阔和舒畅起来，并孕育了河东文明。几千年来，这里形成了独特的文化风貌，涌现出许多文化名人。如何将龙门的自然景观、历史文化及当代成就书写出来，是当代作家的责任。

中国报告文学学会会长、鲁迅文学奖获得者徐剑，也书写了一幅作品——"鱼跃龙门"。

徐剑感叹道，龙门到石门这一段，旅游资源禀赋实在太好了，完全可以和壶口瀑布相媲美。两岸的风光也很迷人。此外，不远处的黄河梯子崖崖壁上还有北魏时期留下的古栈道，登高古栈道，黄河一眼收。景区应该更进一步升级，并赋予更多的文化符号和含义，将这里打造成为全国中、高考学子们向往和神往的地方。

任林举则表示，龙门，不仅仅属于运城，属于山西，它也是我们中华民族的龙门。我们现在所处的这个时代，正是中华民族实现伟大复兴的时代，这其实也是一次跃龙门。

永乐宫内 品鉴壁画之美

芮城县永乐宫的行程，安排在7月16日。采风活动刚开始，有作家就问：“啥时候去永乐宫呀？”

永乐宫，是中国道教三大祖庭之一，也是现存最大的元代道教宫观，占地面积24.8万平方米。宫殿始建于公元1247年，1358年竣工，历时111年。殿内的壁画，是世界现存的古代壁画艺术宝库之一，素有“东方艺术画廊”之美誉。

作家们赴永乐宫考察当天，天公作美，微风习习，小雨沙沙，气候异常凉爽宜人。大家细细地观赏着、品味着，庄严肃穆的建筑和精妙绝伦的壁画，渐渐地让大家忘记了自我。

到永乐宫之前，徐剑就多次听人说，“那地方非常值得去，令人难忘。”一去，果然非同凡响。

“有一种顶礼膜拜的感觉，很是让人激动。这里的壁画，无论是绘制的笔法、色彩，还是艺术的创造性，与敦煌壁画相比，均有过之而无不及。”徐剑说。

一直到采风结束，徐剑还在念念不忘地感慨着：“真的没想到，在芮城县这么小的一个地方，竟然会保存着这么一个中国美术文化的极品和杰作，甚至可以说是巅峰之作。这里的壁画，有汉唐风韵的传承，也可以说是宋文化达到巅峰之后的一个必然结果。非常让人向往，也非常令人神往。”

同时，徐剑也认为，永乐宫的知名度还需要再提高。“这么美的东西，怎么能藏在深闺人未知呢？”

采风趣闻 感受名家风范

运城，是王勃、柳宗元、司马光等历史文化名人的故乡，文化底蕴极为厚重。全市共有各种文化旅游景点逾1600处。其中，全国重点文物保护单位90处，是全国重点文物保护单位数量最多的地级市。

采风过程中，作家们还去了很多地方，如：万荣县后土祠、黄河文化雕塑博览园，稷山县国家板枣公园、马趵泉古村落，夏县司马光祠、宇达青铜文化产业园，运城博物馆、河东池盐博物馆，芮城县永乐宫、广仁王庙、城隍庙，永济市普救寺、蒲津渡遗址、鹳雀楼，河东书房、常平关帝家庙，等等。其间，也发生了许多耐人寻味的故事。

在万荣县后土祠，作家们站在恢宏高耸的秋风楼上，凭栏远眺黄河与汾河交汇处，齐声吟诵汉武帝刘彻所写的千古绝唱《秋风辞》，“秋风起兮白云飞，草木黄落兮雁南归……”

在后稷故里——稷山县国家板枣公园，作家们受到枣农的热烈欢迎。他们敲起锣，打起鼓，一个个热情洋溢、精神焕发。节目完毕后，作家王久辛忍不住拿起鼓槌，向枣农学起了如何敲鼓。

在全国重点文物保护单位——芮城县城隍庙，有一尊古朴可爱的石狮子，超级呆萌，歪着脑袋，耷拉着眼皮，像极了一个犯错后接受家长批评的孩子。作家杨遥特别喜欢这尊石狮，拍了许多照片。 同时，他还建议，当地完全可以以这尊石狮为原型，创作出许多文创产品，并将其打造成中国第一呆萌石狮。

在永济市蒲津渡遗址的黄河大铁牛旁，八一电影制片厂原厂长、茅盾文学奖获得者柳建伟感慨地说：“大铁牛印证了大唐的辉煌，厚重的文化，必然会使运城的发展弯道超车、后来居上。”

在中国四大文化名楼之一的永济市鹳雀楼，著名书法家刘阳写下了王之涣那首气势磅礴的《登鹳雀楼》，“白日依山尽，黄河入海流。欲穷千里目，更上一层楼”。

在夏县的宇达青铜文化产业园，作家们被这里的精美青铜文化艺术产品深深吸引，他们惊叹于包括 2022 北京冬奥会的青铜礼器“冬奥之尊”及茅盾文学奖奖杯在内的很多青铜制品都出自这个企业。

在盐湖区河东书房，中国作协社会联络部主任李晓东是最后一位从书房走出来的作家，他打算好好写写河东书房。他说：“河东书房，对我的触动比较大。最近，中国作协社会联络部成立了一个全民阅读办公室，下一步，将会与运城市有关单位联系，争取为河东书房授一块全民阅读示范基地的牌子……”

……

山西省作协副主席鲁顺民则对本次运城之行感慨万千。他说：“每一次去运城，有每一次的体悟， 每一次都是怀着探望老朋友的心情前往和离开，门前折柳，陌上花开，惜别的同时，更多的是回味与感动。”（林宇 池羽）

（本文刊发于 2022 年 7 月 27 日《香港商报》）

特別報道 2022年7月27日 星期三 責任編輯 劉定緣
香港商報 Hong Kong Commercial Daily http://www.hkcd.com A9

著名作家眼中的關公故里運城

為期一周的「第七屆著名作家看山西」活動近日在運城落下帷幕。期間，由中國作家協會副主席閻晶明，八一電影製片廠原廠長、茅盾文學獎獲得者柳建偉，中國報告文學學會會長、魯迅文學獎獲得者徐劍等10位全國知名作家組成的採風團，深入運城市龍門景區、解州關帝廟、永樂宮等進行考察。河東大地的悠久歷史、燦爛文化及壯美風光深深地吸引着作家們，大家紛紛暢談採風感受，並對運城文旅產業的高質量發展提出了許多寶貴的意見和建議。作家們表示，他們將不惜筆墨，用心用情大力讚頌河東大地、讚頌運城這片美麗的土地。 林宇

閻晶明

盛夏來到運城，卻趕上難得的涼爽天氣，讓人感到格外開心。這是一片古老的土地，又呈現着無盡的新貌。在運城，只要開始列數過往，就會是一個無盡的話題。在這裏遇到的每一個人，幾乎都對此擅長，更爲此驕傲。無處不在的歷史遺存，燦若星辰的歷史人物，豐富活躍的民間文化，無不讓這片土地呈現出深厚的文脈，充滿着無窮的活力。

今天的運城，是一片改革和建設的熱土。這裏的人們，懷着奮鬥的熱情，創造的激情，努力地工作着，拚搏着。是的，拚搏，你完全可以感受到一種奮進的欲求，一種追求更高物質、文化和精神，實現更高理想的願望。這種願望和追求，匯聚在當代運城人身上，是最爲寶貴的，也是新時代山西最需要的精神狀態。

弘揚歷史文化，創造新的輝煌。作家們應當用筆書寫這樣一個當代運城，描繪這裏曾經擁有的、正在發生的、可以期待的一切美好！

中國作家協會副主席
代表作：《獨白與對話》《魯迅還在》等

柳建偉

運城，是中華文明重要的發祥地之一，同時，也是我們華夏先民們早期繁衍、生息的主要地方。上古時期，黃帝和蚩尤兩個部落，曾在這裏發生過一場大戰。戰爭的原因，很有可能就是爭奪這裏的重要資源——鹽池。畢竟，人類的生產和生活，離不開鹽。

來到運城後，常常被這裏的悠久歷史和燦爛文化所震撼。在運城博物館，看到那麼多的玉璧，要知道，這在當時，可都是禮天祭祀的重要器物。這些玉璧，是那麼的薄，那麼的光滑，如果不是文明發展到一定程度，不可能做出這麼美的玉器。

此外，這裏還是關公的故鄉。在我看來，關公幾乎就是一個完人，其忠義仁勇的精神，代代傳承，令人景仰。如今，我們大家都知道，全世界範圍內，凡有華人處，大都會有關帝廟。

我們常說，中華文明五千年，其實，到運城看一看，就能感覺到，五千年文明，可能遠遠不止，甚或有六七千年。

八一電影製片廠原廠長、茅盾文學獎獲得者
代表作：《突出重圍》《英雄時代》等

徐劍

走過全國很多地方，眞的沒想到，運城的文化和旅遊資源稟賦這麼好。這在全國的地級市中，非常罕見，的確讓人看得很激動，也很留戀。我把它概括爲：一步一勝景、一步一文物、一步一風情、一步一民俗。

在這些景區或景點中，最讓人感到震撼的，就是永樂宮的壁畫了。這些精妙絕倫的壁畫，可以說是中華民族的千古傑作，也可以說是中國繪畫史上的巔峰之作。那種格局，那種氣象，絲毫不亞於敦煌壁畫。

此外，這裏還有大家耳熟能詳的黃河大鐵牛、普救寺、司馬光祠等。站在這些歷史文化遺存的面前，會有一種頂禮膜拜的感覺，會感受到唐風、唐韻或宋風及大元王朝的那種宏偉氣象。

可以說，通過這次採風，大家都對運城留下了極爲深刻的印象。如果有機會的話，我還會再來運城，還會多來。一個縣，住上一個星期，或者一個景點，呆上三四天，好好地再看一看，品一品。

中國報告文學學會會長、魯迅文學獎獲得者
代表作：《大國長劍》《大國重器》等

王久辛

到過山西很多次，但運城，卻是第一次來。運城，是一個物華天寶、鍾靈毓秀、遍地風流、令人難忘的地方。在這裏，每走一個地方，都會有一種不同的感覺。每挪動一次腳步，都會有到一種全新的體驗。

李家大院，傳承着一種傳統道德文化對人的熏陶；永樂宮壁畫，是中華民族的藝術瑰寶，燦爛無比；河東書房，不僅設計得非常美觀和大氣，還非常溫馨和有內涵……

人們常說，萬物並育，我們身邊的一草一木，都可以教育我們，更何況，運城有這麼多的飽含文化氣息的景區和景點。

這其中，尤其是永樂宮的壁畫，看完後，讓人感到無比激動。我是最後一個從永樂宮裏走出來的。在永樂宮的壁畫臨摹基地，看着孩子們在認眞地臨摹着牆上的壁畫，我覺得很開心。這些孩子，長大以後，必然會有一種文化上的自信，這種自信，也一定是發自內心的，不正是我們所需要的嗎？

《中國武警》雜志主編、魯迅文學獎獲得者
代表作：《狂雪》等

劉陽

十多年前，來過一次山西，那次去的是山西省的省會太原。這一次，可以說，是我第二次踏足山西這片土地。

從小，我就特別喜歡一首歌——《人說山西好風光》。這一次來運城，我眞切地感受到了歌裏所描述的那種山西的壯美風光。

一周的行程中，最讓我感到震撼的，是這裏的黃河。它不僅是一條養育我們的母親河，更是一條滋生我們中華文明的偉大河流。以前，我也曾在別的地方親近過黃河，但在運城的龍門看到黃河時，我眞的被震撼到了。大自然是有教化功能的，在黃河面前，我覺得，我要做一個謙遜的人。

運城，有着五千年的歷史，文化燦爛，名家輩出，還有很多從小就聽說過的神話傳說故事，這次實地考察之後，我覺得我對運城，對三晉大地有了更深的體會，需要慢慢地去消化，去感悟。同時，我覺得我要做一個有敬畏之心的人，敬畏歷史、敬畏文化、敬畏文明。

《紅岩》雜志主編、著名書法家

任林舉

來運城之前，一直覺得那是一個較偏遠的所在，儘管也知道它曾是古時的河東重鎭及關公故里。但眞正到運城走一遭，實地聽說了黃帝戰蚩尤、舜耕歷山、禹鑿龍門、嫘祖養蠶、后稷稼穡等傳說，看過了諸多歷史遺蹟，了解了更多關於司馬遷、張儀、薛仁貴、王勃、柳宗元、司馬光等歷史名人的故事後，才頓覺自己孤陋寡聞，禁不住額頭冒出冷汗來。

原來，運城，那可是黃河文明乃至中華文明曾經的中心。

特別在看過了刀削斧劈的龍門和直接青雲的大梯子崖之後，更感覺靈魂受到了震撼。與其說那是兩處自然景觀，莫如說那就是中華民族自強不息的精神圖騰。更何況，民間傳說中的「鯉魚跳龍門」「步步登高」，和我們當下中華民族的偉大復興又何嘗不是一脈相承的同一個旋律呢？讀懂運城之後才發現，運城不僅在過去，即便在當下，仍然蘊藏着巨大的催人奮進的精神和文化能量。

中國報告文學學會副會長、魯迅文學獎獲得者
代表作：《玉米大地》《糧道》等

李曉東

運城這個地方，全國著名的文化和旅遊景點有很多，如：解州關帝廟、鸛雀樓、黃河大鐵牛，等等。不過，這一次的運城之行，對我觸動最大的，則是「河東書房」。

這些年，書房在全國很多地方，如同雨後春筍，蓬勃發展，但能像河東書房做得這麼有規模，這麼有設計感，影響力這麼大的，爲數其實並不多。

大家都知道，河東大地，是中國歷史上文脈極其繁盛的地方，名家巨擘，璨若繁星。如：王勃、柳宗元、司馬光等，都是我國著名的文學家。即便是關公，他雖然是個武將，但他熟讀春秋，文學素養應該也較高。而河東書房，則在傳承河東文脈方面，起着很大的作用。

中國作協社會聯絡部，有一個很重要的職能，就是倡導全民閱讀工作。下一步，我們計劃給河東書房授一塊「全民閱讀示範基地」的牌子，畢竟，河東文脈，從某種意義上來說，其實也是中華文脈的具體精神體現。

中國作家協會社會聯絡部主任、文學博士
代表作：《天風水雅》《我的鄉愁是一碗飯》等

魯順民

河東大地，是華夏文明重要發祥地之一，從上古到近古，文化遺存譜系完整，是全國少有的文化遺存富集之地。

這一次來，最大的感慨是運城市委、市政府高屋建瓴，將如此富集的文化遺存，賦予相當的時代意義，讓這些遺存通過「河東書房」建設、通過魅力城市建設、通過美麗鄉村建設等方式和契機，有機地融入到尋常百姓生活中間，更好地發揮文化遺存的教育、展示功能，增加城市的文化識別度，這在全國是少有的。

中國立農萬年，華夏農耕黍作農業傳統發軔於河東，發展於河東。大河顧我走東溟，呂梁牽汾水，中條出涑水，厚土皇天，表裏山河，山與河合謀，塑造着廣袤無垠的河東大地，也塑造着河東大地獨特的生態景觀。生態決定了生產，生產又深刻影響到公衆的生活方式和生活理念。萬年立農，形成的成熟的鄉村社會秩序，乃是另外一種富有啓示意義的文化生態。

山西省作家協會副主席、《山西文學》主編
代表作：《山西古渡口》《天下農人》等

葛水平

以前，有一個朋友曾給我說過：「你一定要去運城看看，運城這地方，一定會絆住你的腳步。」

多年前，我確實來過一次運城，看過一次鸛雀樓，也在樓上欣賞過黃河的美景。大水出好河，運城這地方的人，眞是太有福氣了。

這次來運城，讓我感覺到受益非常大。就說解州關帝廟吧，那種恢弘雄偉的氣勢，那種絢麗多彩的琉璃瓦，眞的是太美了，太漂亮了，幾乎讓我都不忍離開。我想，找個機會，我一定會再來一次解州關帝廟，細細地品，慢慢地看。

李家大院，給我的印象也非常深。大家都知道，晉商的發源地，其實就在運城，因爲這裏出產有食鹽。而李家作爲商賈世家，能夠以善爲本，惠及一方鄉鄰，這說明李家人懂得家族長久傳承及綿延的眞諦，而這其實也是我們民族憂患意識的體現。

此外，永樂宮的壁畫，也讓我感到無比震撼。那種美，幾乎難以用文字來形容。

山西省作家協會副主席、魯迅文學獎獲得者
代表作：《喊山》《裸地》等，電視劇《平凡的世界》編劇

楊遙

以前來過運城，但沒有好好地了解過這座城市。此次來運城採風考察，給我印象最深的，首先就是龍門。龍門這地方的黃河，和我以前看到過的其它地方的黃河，都不一樣。這裏的黃河，氣勢特別浩蕩，風光特別壯美。尤其是一想到「禹鑿龍門」以及「鯉魚躍龍門」這樣的民間傳說故事，就感覺非常神奇。

其次，河東池鹽博物館給我的印象也特別深。在博物館裏，能夠了解到我們的先民是如何製鹽的，這可能也是運城成爲華夏文明發祥地之一的重要原因吧。

再有就是，運城的文化旅遊開發，大都比較科學，比較大氣。比如在芮城縣看到的廣仁王廟，儘管是一座很小的廟宇，但那是唐代的建築遺存。其在開發的過程中，請來國內一流的專家團隊進行設計，並將古代與現代的很多元素融合在一起，既保留了原汁原味的東西，又順應了未來文旅發展的趨勢。整座小廟，看起來，確實很美。

山西省作家協會副主席、趙樹理文學獎獲得者
代表作：《二弟的碉堡》《流年》等

03 |

著名作家眼中的关公故里运城

为期一周的“第七届著名作家看山西”活动近日在运城落下帷幕。其间，由中国作家协会副主席阎晶明，八一电影制片厂原厂长、茅盾文学奖获得者柳建伟，中国报告文学学会会长、鲁迅文学奖获得者徐剑等10位全国知名作家组成的采风团，深入运城市龙门景区、解州关帝庙、永乐宫等地进行考察。河东大地的悠久历史、灿烂文化及壮美风光深深地吸引着作家们，大家纷纷畅谈采风感受，并对运城文旅产业的高质量发展提出许多宝贵的意见和建议。作家们表示，他们将不惜笔墨，用心用情大力赞颂河东大地、赞颂运城这片美丽的土地。

阎晶明 中国作家协会副主席

代表作：《独白与对话》《鲁迅还在》等

盛夏来到运城，却赶上难得的凉爽天气，让人感到格外开心。这是一片古老的土地，又呈现着无尽的新貌。在运城，只要开始列数过往，就会是一个无尽的话题。在这里遇到的每一个人，几乎都对此擅长，更为此骄傲。无处不在的历史遗存，灿若星辰的历史人物，丰富活跃的民间文化，无不让这片土地呈现出深厚的文脉，充满着无穷的活力。

今天的运城，是一片改革和建设的热土。这里的人们，怀着奋斗的热情，创造的激情，努力地工作着、拼搏着。是的，拼搏，你完全可以感受到一种奋进的欲求，一种追求更高物质、文化和精神，实现更高理想的愿望。这种愿望和追求，汇聚在当代运城人身上，是最为宝贵的，也是新时代山西最需要的精神状态。

弘扬历史文化，创造新的辉煌。作家们应当用笔书写这样一个当代运城，描绘这里曾经拥有的、正在发生的、可以期待的一切美好。

柳建伟 八一电影制片厂原厂长，茅盾文学奖获得者

代表作：《突出重围》《英雄时代》等

运城，是中华文明重要的发祥地之一，同时，也是我们华夏先民们早期繁衍、生息的主要地方。上古时期，黄帝和蚩尤两个部落，曾在这里发生过一场大战。战争的原因，很有可能就是争夺这里的重要资源——盐池。毕竟，人类的生产和生活，离不开盐。

来到运城后，常常被这里的悠久历史和灿烂文化所震撼。在运城博物馆，看到那么多的玉璧，要知道，这在当时，可都是礼天祭祀的重要器物。这些玉璧，是那么的薄，那么的光滑，如果不是文明发展到一定程度，不可能做出这么美的玉器。

此外，这里还是关公的故乡。在我看来，关公几乎就是一个完人，其忠义仁勇的精神，代代传承，令人景仰。如今，我们大家都知道，全世界范围内，凡有华人处，大都会有关帝庙。

徐 剑　中国报告文学学会会长，鲁迅文学奖获得者

代表作：《大国长剑》《大国重器》等

走过全国很多地方，真的没想到，运城的文化和旅游资源禀赋这么好。这在全国的地级市中，非常罕见，的确让人看得很激动，也很留恋。我把它概括为：一步一胜景、一步一文物、一步一风情、一步一民俗。

在这些景区或景点中，最让人感到震撼的，就是永乐宫的壁画了。这些精妙绝伦的壁画，可以说是中华民族的千古杰作，也可以说是中国绘画史上的巅峰之作。那种格局，那种气象，丝毫不亚于敦煌壁画。

此外，这里还有大家耳熟能详的黄河大铁牛、普救寺、司马光祠等。站在这些历史文化遗存的面前，会有一种顶礼膜拜的感觉，会感受到唐风、唐韵或宋风及大元王朝的那种宏伟气象。

可以说，通过这次采风，大家都对运城留下了极为深刻的印象。如果有机会的话，我还会再来运城，还会多来。一个县，住上一个星期，或者一个景点，待上三四天，好好地再看一看，品一品。

王久辛　《中国武警》杂志主编，鲁迅文学奖获得者

代表作：《狂雪》等

到过山西很多次，但运城，却是第一次来。运城，是一个物华天宝、钟灵毓秀、遍地风流、令人难忘的地方。在这里，每走一个地方，都会有一种不同的感觉。每挪动一次脚步，都会有一种全新的体验。

李家大院，传承着一种传统道德文化对人的熏陶；永乐宫壁画，是中华民族的艺术瑰宝，灿烂无比；河东书房，不仅设计得非常美观和大气，还非常温馨和有内涵……

人们常说，万物并育，我们身边的一草一木，都可以教育我们，更何况，运城有这么多的饱含文化气息的景区和景点。这其中，尤其是永乐宫的壁画，看完后，让人感到无比激动。我是最后一个从永乐宫里走出来的。在永乐宫的壁画临摹基地，看着孩子们在认真地临摹着墙上的壁画，我觉得很开心。这些孩子，长大以后，必然会有一种文化上的自信，这种自信，也一定是发自内心的，这不正是我们所需要的吗？

刘阳　《红岩》杂志主编，著名书法家

代表作：《我的生活》《新时期〈红岩〉杂志的旗帜与道路》等

十多年前，来过一次山西，那次去的是山西省的省会太原。这一次，可以说，是我第二次踏足山西这片土地。

从小，我就特别喜欢一首歌——《人说山西好风光》。这一次来运城，我真切地感受到歌里所描述的那种山西的壮美风光。

一周的行程中，最让我感到震撼的，是这里的黄河。它不仅是一条养育我们的母亲河，更是一条滋生我们中华文明的伟大河流。以前，我也曾在别的地方亲近过黄河，但在运城的龙门看到黄河时，我真的被震撼到了。大自然是有教化功能的，在黄河面前，我觉得，我要做一个谦逊的人。

运城，有着五千年的历史，文化灿烂，名家辈出，还有很多从小就听说过的神话传说故事，这次实地考察之后，我觉得我对运城、对三晋大地有了更深的体会，需要慢慢地去消化，去感悟。同时，我觉得我要做一个有敬畏之心的人，敬畏历史、敬畏文化、敬畏文明。

任林举　中国报告文学学会副会长，鲁迅文学奖获得者

代表作：《玉米大地》《粮道》等

来运城之前，一直觉得那是一个较偏远的所在，尽管也知道它曾是古时的河东重镇及关公故里。但真正到运城走一遭，实地听说了黄帝战蚩尤、舜耕历山、禹凿龙门、嫘祖养蚕、后稷稼穑等传说，看过了诸多历史遗迹，了解了更多关于司马迁、张仪、薛仁贵、王勃、柳宗元、司马光等历史名人的故事后，才顿觉自己孤陋寡闻，禁不住额头冒出冷汗来。

原来，运城，那可是黄河文明乃至中华文明曾经的中心。

特别在看过了刀削斧劈的龙门和直接青云的大梯子崖之后，更感觉灵魂受到了震撼。与其说那是两处自然景观，莫如说那就是中华民族自强不息的精神图腾。更何况，民间传说中的“鲤鱼跳龙门”“步步登高”，和我们当下中华民族的伟大复兴又何尝不是一脉相承的同一个旋律呢？读懂运城之后才发现，运城不仅在过去，即便在当下，仍然蕴藏着巨大的催人奋进的精神和文化能量。

李晓东　中国作家协会社会联络部主任，文学博士

代表作：《天风水雅》《我的乡愁是一碗馓饭》等

运城这个地方，全国著名的文化和旅游景点有很多，如：解州关帝庙、鹳雀楼、黄河大铁牛，等等。不过，这一次的运城之行，对我触动最大的，则是“河东书房”。

这些年，书房在全国很多地方，如同雨后春笋，蓬勃发展，但能像河东书房做得这么有规模，这么有设计感，影响力这么大的，为数其实并不多。

大家都知道，河东大地，是中国历史上文脉极其繁盛的地方，名家巨擘，灿若繁星。如：王勃、柳宗元、司马光等，都是我国著名的文学家。即便是关公，他虽然是个武将，但他熟读《春秋》，文学素养应该也较高。而河东书房，则在传承河东文脉方面，起着很大的作用。

中国作协社会联络部，有一个很重要的职能，就是倡导全民阅读工作。下一步，我们计划给河东书房授一块“全民阅读示范基地”的牌子，毕竟，河东文脉，从某种意义上来说，其实也是中华文脉的具体精神体现。

鲁顺民　山西省作家协会副主席，《山西文学》主编

代表作：《山西古渡口》《天下农人》等

河东大地，是华夏文明重要发祥地之一，从上古到近古，文化遗存谱系完整，是全国少有的文化遗存富集之地。

这一次来，最大的感慨是运城市委、市政府高屋建瓴，将如此富集的文化遗存，赋予相当的时代意义，让这些遗存通过“河东书房”建设、通过魅力城市建设、通过美丽乡村建设等方式和契机，有机地融入寻常百姓生活中间，更好地发挥文化遗存的教育、展示功能，增加城市的文化识别度，这在全国是少有的。

中国立农万年，华夏农耕黍作农业传统发轫于河东，发展于河东。大河顾我走东溟，吕梁牵汾水，中条出涑水，厚土皇天，表里山河，山与河合谋，塑造着广袤无垠的河东大地，也塑造着河东大地独特的生态景观。生态决定了生产，生产又深刻影响到公众的生活方式和生活理念。万年立农，形成的成熟的乡村社会秩序，乃是另外一种富有启示意义的文化生态。

葛水平　山西省作家协会副主席（现为山西省文联主席），鲁迅文学奖获得者

代表作：《喊山》《裸地》等，电视剧《平凡的世界》编剧

以前，有一个朋友曾跟我说过：“你一定要去运城看看，运城这地方，一定会绊住你的脚步。”

多年前，我确实来过一次运城，看过一次鹳雀楼，也在楼上欣赏过黄河的美景。大水出好河，运城这地方的人，真是太有福气了。

这次来运城，让我感觉到受益非常大。就说解州关帝庙吧，那种恢弘雄伟的气势，那种绚丽多彩的琉璃瓦，真的是太美了，太漂亮了，几乎让我都不忍离开。我想，找个机会，我一定会再来一次解州关帝庙，细细地品，慢慢地看。

李家大院，给我的印象也非常深。大家都知道，晋商的发源地，其实就在运城，因为这里出产有食盐。而李家作为商贾世家，能够以善为本，惠及一方乡邻，这说明李家人懂得家族长久传承及绵延的真谛，而这其实也是我们民族忧患意识的体现。

此外，永乐宫的壁画，也让我感到无比震撼。那种美，几乎难以用文字来形容。

杨遥　山西省作家协会副主席，赵树理文学奖获得者

代表作：《二弟的碉堡》《流年》等

以前来过运城，但没有好好地了解过这座城市。此次来运城采风考察，给我印象最深的，首先就是龙门。龙门这地方的黄河，和我以前看到过的其它地方的黄河，都不一样。这里的黄河，气势特别浩荡，风光特别壮美。尤其是一想到“禹凿龙门”以及“鲤鱼跃龙门”这样的民间传说故事，就感觉非常神奇。

其次，河东池盐博物馆给我的印象也特别深。在博物馆里，能够了解到我们的先民是如何制盐的，这可能也是运城成为华夏文明发祥地之一的重要原因吧。

再有就是，运城的文化旅游开发，大都比较科学，比较大气。比如在芮城县看到的广仁王庙，尽管是一座很小的庙宇，但那是唐代的建筑遗存。其在开发的过程中，请来国内一流的专家团队进行设计，并将古代与现代的很多元素融合在一起，既保留了原汁原味的东西，又顺应了未来文旅发展的趋势。整座小庙，看起来，确实很美。

（本文刊发于2022年7月27日《香港商报》）

后记

《品鉴山西 运城卷》辑录文章，为“第七届著名作家看山西运城行”采风活动结束后，作家们撰写的精美游记和散文，以及本次活动的相关新闻报道。

这其中，作家们撰写的文章，已相继在《人民日报·海外版》《光明日报》《文艺报》《长江日报》《诗刊》《华夏》《湖南文学》等报刊发表。

运城之地，历史悠久，文化灿烂，是中华文明重要发祥地之一，同时也是最能代表山西传统文化精粹的集中展示区。

这里有大家耳熟能详的全球三大盐湖之一的运城盐湖、德孝文化起源地舜帝陵、天下第一武庙解州关帝庙、海内祠庙之祖万荣县后土祠、东方壁画艺术宝库芮城县永乐宫、《西厢记》爱情故事发生地普救寺、中国四大名楼之一永济市鹳雀楼、慈善世家万荣县李家大院、闻喜县裴氏“中华宰相村”，等等。

这里流传着尧王访贤、舜耕历山、禹凿龙门、嫘祖养蚕、后稷稼穑、伯乐相马等优美动人的传说，汇聚着三国名将关羽，八仙之一吕洞宾，思想家荀况，史学家司马光，文学家王勃、王维、王之涣，戏剧家关汉卿等一大批文武俊秀。

在这里，不仅可以感悟历史沧桑、触摸时代脉搏，更可以领略华夏五千年文明之美。

由于时间有限，尚有许多知名景观景点未能成行，有些遗憾。如：180 万年前，原始先民就将“火神”征服，并留下人类最早用火实物证据的芮城县西侯度；因山势“雄、险、奇、秀”，几乎可与西岳华山相媲美的永济市五老峰；黄河流域唯一以大禹冠名的古渡口——芮城县大禹渡……

由于史料浩繁，书中难免出现纰漏，望不吝指正。

2014 首届著名作家山西行作家名单

廖　奔　中国作协副主席，散文家，书法家
代表作：《美利坚的诱惑》《行色匆匆》《淡空鹤影》等

李佩甫　河南省作协主席，茅盾文学奖、飞天奖、华表奖获得者
代表作：《羊的门》《生命册》《红旗渠的故事》，电影《挺立潮头》等

陈世旭　中国作协主席团委员，江西省文联原主席、作协原主席，鲁迅文学奖获得者
代表作：《小镇上的将军》《将军镇》《镇长之死》《青藏手记》等

刘兆林　中国作协主席团委员，中国散文学会副会长，辽宁省作协名誉主席
代表作:《父亲祭》《不悔录》《啊，索伦河谷的枪声》等

阿　成　中国作协全委会委员，黑龙江省作协副主席，哈尔滨市作协主席
代表作：《年关六赋》《良娼》《一块儿过年》等

董立勃　中国作协全委会委员，国家一级作家，新疆文联副主席，作家协会副主席、秘书长
代表作：《白麦》《烈日》《白豆》等

肖克凡　天津市作协副主席，中国作协全委会委员
代表作：《机器》《黑砂》，电影《山楂树之恋》编剧

葛水平　山西省作协副主席，鲁迅文学奖获得者，第六届冰心散文奖获得者
代表作:《喊山》《甩鞭》《裸地》等

龙　一　天津市作协副主席，中国作协全委会委员
代表作：《潜伏》《刺客》《暗探》等

红　孩　中国散文学会常务副会长
代表作：《女人的荷》《爱情脊背》等

2016 第二届著名作家看山西晋城行作家名单

叶　辛　中国作协副主席，上海市作协副主席
代表作：《蹉跎岁月》《孽债》《家教》等

黄亚洲　中国作协原副主席，浙江省作协原主席，著名作家、诗人、影视剧作家
代表作：《历史转折中的邓小平》《日出东方》《建党伟业》《开天辟地》等

刘庆邦　一级作家，北京市作协副主席，中国煤矿作协主席，中国作协全委会委员
代表作：《鞋》《神木》《遍地白花》等

陈东捷　著名散文家，《十月》杂志主编

邵　丽　河南省文联副主席，河南省作协主席
《我的生活质量》《明惠的圣诞》等

周晓枫　北京作协驻会专业作家，鲁迅文学奖得者
代表作：《巨鲸歌唱》《宿命：孤独张艺谋》等，担任张艺谋《三枪》《金陵十三钗》《归来》等电影的文学策划

肖克凡　天津市作协副主席，中国作协全委会委员
代表作：《机器》《黑砂》，电影《山楂树之恋》编剧

胡性能　著名小说家，云南省作协副主席、秘书长
代表作：小说集《在温暖中入眠》，中篇《有人回故乡》《记忆的村庄》《尘封与岁月》等

郜　筐　著名诗人，中国检察官文联作家协会秘书长
代表作：《凌晨三点的歌谣》《城》《三个刀伏手》等

李晓东　《小说选刊》副主编

付秀莹　《长篇小说选刊》执行主编
代表作：《陌上》《爱情到处流传》《旧院》等

2017 第三届著名作家看山西大同行作家名单

黄亚洲 中国作协原副主席，浙江省作协原主席，著名作家、诗人、影视剧作家
代表作：《历史转折中的邓小平》《日出东方》《建党伟业》《开天辟地》等

刘兆林 中国作协主席团委员，中国散文学会副会长，辽宁省作协名誉主席
代表作：《不悔录》《啊，索伦河谷的枪声》《父亲祭》等

赵本夫 一级作家，江苏省作协原专职副主席，《钟山》杂志原主编
代表作：《天下无贼》《走出蓝水河》《天漏邑》等

刘庆邦 一级作家，北京市作协副主席，中国煤矿作协主席，中国作协全委会委员
代表作：《鞋》《神木》《遍地白花》等

龙　一 天津市作协副主席，中国作协全委会委员
代表作：《潜伏》《借枪》《深谋》《暗探》《美食小说家》等

秦　岭 一级作家
代表作：《皇粮钟》《女人和狐狸的一个上午》《吼水》等

肖克凡 天津市作协副主席，中国作协全委会委员
代表作：《机器》《天津大码头》《我的少年王朝》等
电影《山楂树之恋》编剧

李晓东 《小说选刊》副主编

程永新 《收获》主编。被中国的许多作家称为“先锋中的先锋”“作家中的作家”“编辑中的编辑”
责编的小说有《妻妾成群》《活着》《顽主》《高老庄》等
策划并推出如莫言、余华、苏童、格非等知名作家青年时的作品
代表作：《穿旗袍的姨妈》《一个人的文学史》等

胡学文 河北省作协副主席，鲁迅文学奖获得者
代表作：《私人档案》《红月亮》《麦子的盖头》《命案高悬》等

2018 第四届著名作家看山西吕梁行作家名单

叶　辛　中国作协副主席，上海市作协副主席
代表作：《蹉跎岁月》《孽债》《家教》等

赵本夫　一级作家，江苏省作协原专职副主席，《钟山》杂志原主编
代表作：《天下无贼》《走出蓝水河》《天漏邑》等

阿　成　中国作协全委会委员，黑龙江省作协副主席，哈尔滨市作协主席
代表作：《年关六赋》《良娼》《一块儿过年》等

肖克凡　天津市作协副主席，中国作协全委会委员
代表作：《机器》《黑砂》，电影《山楂树之恋》编剧

素　素　中国作协会员，中国散文学会会员，大连市作协主席，鲁迅文学奖获得者
代表作：《北方女孩》《素素心羽》《相知天涯近》《与你私语》《独语东北》等

温亚军　北京某部队出版社副社长，鲁迅文学奖获得者
代表作：《西风烈》《她们》《伪生活》等

曹宇翔　国家新闻出版广电总局全国新闻出版行业领军人才，鲁迅文学奖获得者
代表作：《家园》《青春歌谣》《纯粹阳光》等

李晓东　《小说选刊》副主编

郃　筐　著名诗人，中国检察官文联作家协会秘书长
代表作：《凌晨三点的歌谣》《城》《三个刀伏手》等

戴　希　中国作协会员，中国微型小说学会副秘书长
中国微小说与微电影创作联盟常务理事
代表作：《发现》《凝视》《贴着大地行走》《其实很简单》《特别赏赐》等

2018 第四届著名作家看山西翼城行作家名单

黄亚洲　中国作协原副主席，浙江省作协原主席，著名作家、诗人、影视剧作家
代表作：《日出东方》《历史转折中的邓小平》《建党伟业》《红船》等

王久辛　《中国武警》杂志主编，著名诗人，鲁迅文学奖获得者
代表作：《狂雪》《狂雪 2 集》《致大海》《绝世之鼎》《东方红霄》等

肖克凡　天津市作协副主席，中国作协全委会委员
代表作：《天津大码头》《机器》等，电影《山楂树之恋》编剧

吴克敬　陕西省作协副主席，西安市作协主席，鲁迅文学奖获得者
小说家、散文家、书法家
代表作：《手铐上的蓝花花》《初婚》（改编成同名电视剧）等

秦　岭　一级作家
代表作：《皇粮钟》《女人和狐狸的一个上午》《吼水》等

葛水平　山西省作协副主席，鲁迅文学奖获得者
代表作：《心灵的行走》《喊山》《裸地》等，电视剧《平凡的世界》编剧

胡学文　河北省作协副主席，鲁迅文学奖获得者
代表作：《婚姻穴位》（改编为电影《心急吃不了热豆腐》）等

杨晓升　《北京文学》社长兼执行主编，中国报告文学学会副会长
代表作：《失独，中国家庭之痛》《寻找叶丽雅》等

李晓东　《小说选刊》副主编

付秀莹　《长篇小说选刊》主编
代表作：《爱情到处流传》《陌上》等

2020 第五届著名作家看山西晋中行作家名单

南　帆　全国政协常委，福建省文联主席，中国作家协会文学理论批评委员会主任
鲁迅文学奖获得者
代表作：《辛亥年枪声》《五种形象》等

叶兆言　江苏省作协副主席，中国作家协会会员
代表作：《夜泊秦淮》《一九三七年的爱情》等

尹学芸　天津市作协主席，鲁迅文学奖获得者
代表作：《我的叔叔李海》《天堂向左》《菜根谣》《岁月风尘》等

林那北　《中篇小说选刊》杂志社社长，福建省作协副主席，福州市文联副主席
代表作：《锦衣玉食》《唇红齿白》等

龙　一　天津市作协副主席，中国作协全委会委员
代表作：《潜伏》《借枪》《代号》《深谋》《暗探》《美食小说家》等

吕　新　山西省作协副主席，鲁迅文学奖获得者
代表作：《草青》《下弦月》《白杨木的春天》等

葛水平　山西省作协副主席，鲁迅文学奖获得者
代表作：《喊山》《裸地》《活水》等，电视剧《平凡的世界》编剧

艾　伟　浙江省作协主席
代表作：《风和日丽》《爱人同志》等

邵　丽　中国作协主席团委员，河南省文联主席，河南省作协主席，鲁迅文学奖获得者
代表作：《我的生活质量》《挂职笔记》等

张　楚　天津市作协副主席，鲁迅文学奖、茅盾文学新人奖获得者
代表作：《七根孔雀羽毛》《野象小姐》等

吴　玄　一级作家，《西湖》文学杂志主编
代表作：《陌生人》《玄白》《西地》等

程永新　《收获》杂志主编。被中国的许多作家称为“先锋中的先锋”“作家中的作家”“编辑中的编辑”。责编的小说有《妻妾成群》《活着》《顽主》《高老庄》等
策划并推出如莫言、余华、苏童、格非等知名作家青年时的作品。
代表作：《穿旗袍的姨妈》《一个人的文学史》等

2021第六届著名作家看山西长治行作家名单

叶　辛　中国作协副主席
代表作:《蹉跎岁月》《孽债》《家教》等

柳建伟　八一电影制片厂原厂长，茅盾文学奖获得者
代表作：长篇小说《英雄时代》《突出重围》，电影剧作《惊涛骇浪》《惊天动地》《飞天》等

李晓东　中国作协社联部副主任
代表作：散文作品《天风水雅》《我的乡愁是一碗馓饭》等

高　伟　《中国作家》副主编、编审

赵晏彪　中国少数民族文学学会副会长，《民族文学》原副主编
《雁过皇城根》《真水无香》《汪海三十年》《中国制造》等

龙　一　天津市作协副主席
代表作：《潜伏》《借枪》《代号》《深谋》《暗探》《美食小说家》等

胡性能　云南省作协副主席、秘书长
代表作：《在温暖中入眠》《生死课》《孤证》等

胡学文　现供职于江苏省作协，鲁迅文学奖获得者
代表作：《有生》《麦子的盖头》《命案高悬》等

王剑冰　中国散文学会副会长，河南省作协副主席
代表作：《苍茫》《蓝色的回响》《有缘伴你》《绝版的周庄》等

石一枫　《当代》杂志编辑，鲁迅文学奖获得者
代表作：《红旗下的果儿》《借命而生》《世间已无陈金芳》等

黄　风　山西省作协副主席，《黄河》杂志主编
代表作：《滇缅之列》（合著）、《大湄公河》（合著）、《走向天堂的父亲》等

王祥夫　山西省作协副主席，鲁迅文学奖获得者
代表作：《上边》《生活年代》《顾长根的最后生活》《狂奔》等

蒋　殊　中国冶金作家协会副主席，太原市作协副主席，《映像》杂志执行主编
代表作：《阳光下的蜀葵》《再回1949》《沁源1942》《天使的模样》《少年时遇见你》等

2022 第七届著名作家看山西运城行作家名单

阎晶明	中国作协副主席 代表作：《独白与对话》《鲁迅还在》《鲁迅与陈西滢》等
柳建伟	八一电影制片厂原厂长，茅盾文学奖获得者 代表作：长篇小说《英雄时代》《突出重围》，电影剧作《惊涛骇浪》《惊天动地》《飞天》等
徐　剑	中国报告文学学会会长，鲁迅文学奖获得者 代表作：《大国长剑》《大国重器》《东方哈达》等
王久辛	《中国武警》杂志主编，鲁迅文学奖诗歌奖获得者 代表作：诗集《狂雪》《致大海》，散文集《绝世之鼎》等
刘　阳	中国书法家协会女书法家委员会委员，《红岩》杂志主编 代表作：散文集《我的生活》等
任林举	中国报告文学学会副会长，鲁迅文学奖获得者 代表作：《玉米大地》《粮道》《时间的形态》《瑞雪丰年》等
李晓东	中国作协社会联络部主任 代表作：散文作品《天风水雅》《我的乡愁是一碗馓饭》等
鲁顺民	山西省作协副主席，《山西文学》主编，茅盾文学奖评委，赵树理文学奖获得者 代表作：《山西古渡口——黄河的另一种陈述》《送 84 位烈士回家》《天下农人》《礼失求诸野》《潘家铮传》等
葛水平	山西省作家协会副主席（现为山西省文联主席），鲁迅文学奖获得者，《平凡的世界》编剧 代表作：长篇小说《裸地》《活水》，中短篇小说集《喊山》《地气》，散文集《河水带走两岸》《走过时间》等
杨　遥	山西省作协副主席，赵树理文学奖获得者 代表作：《二弟的碉堡》《流年》《柔软的佛光》《闪亮的铁轨》《大地》等

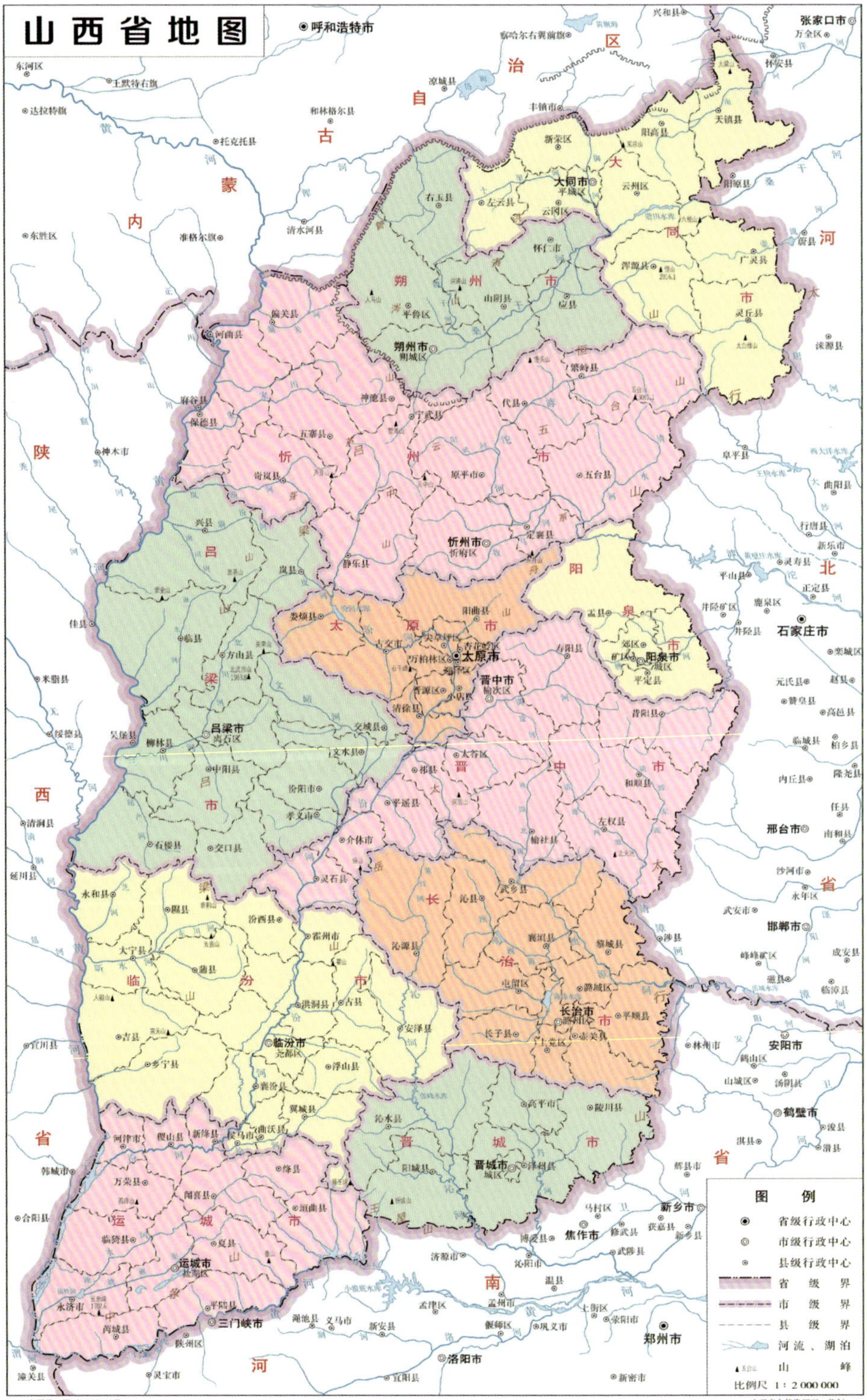

审图号：晋S(2022)005号

山西省自然资源厅 监制

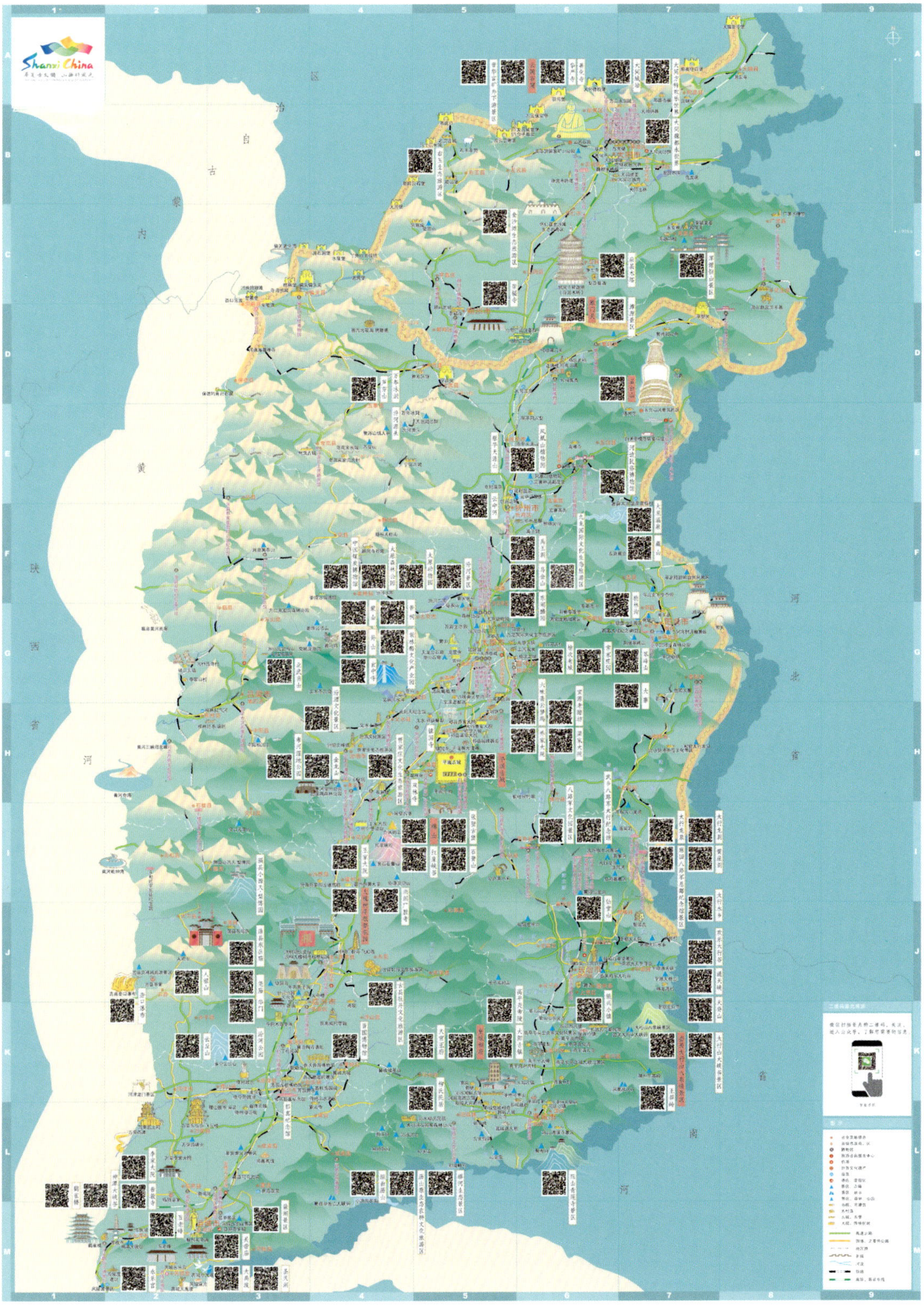

Shanxi China
内蒙古自治区
黄河
陕西省
河北省
河南省

活动摄影：郭佳林 薛俊
特别鸣谢：运城市文化和旅游局、盐湖区文化和旅游局、万荣县文化和旅游局、稷山县文化和旅游局、河津市文化和旅游局、夏县文化和旅游局、永济市文化和旅游局、芮城县文化和旅游局、宇达青铜文化产业园、格瑞特酒庄以及相关旅游景区景点友情提供图片并对此次活动的大力支持。

声　　明：本书在编写过程中，因内容需要，选入一些图片，虽经多方联络，仍有个别图片无法联系到作者。敬请作者见此声明后与编者联系，电话：0351-5259176。